競輪、ときどき昭和

田中浩仁

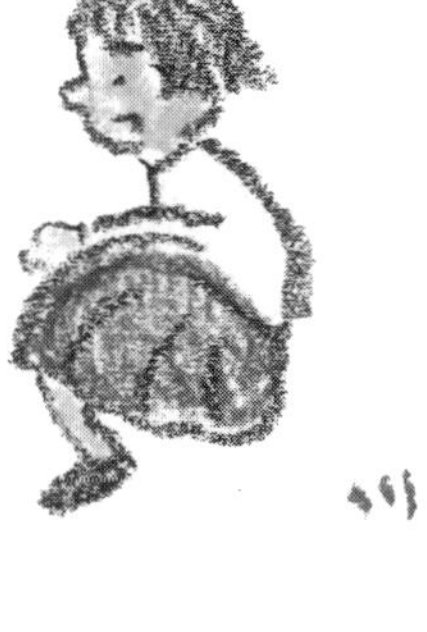

けやき出版

目次

私の人生において、愛して止まない競輪というものを、ぜひとも知って欲しい。競輪ってああ、ギャンブルの?、こんなひと言で片づけてもらいたくない。54期生としてデビューした競輪選手だった自分、田中浩仁の競輪人生を通して競輪のいろいろな側面を知って欲しくてペンを取ろうと思う。競輪選手は気さくで、のぼせもん（冗談が好き・九州弁）の集まり。愛すべき戦う男たちなのである。競輪の裏側の話、戦法の話、勝負の場面での心理戦、各県の面白い選手など、親しみやすく身近な競輪を語っていこうと思う。

登場する競輪選手は、実名に近い登場をするが実名ではない。それからすべて実話に基づいた内容で語ろうと思う。時には、大好きな映画のこと、愛して止まない昭和という時代の話などで脱線するが、長い目で見てほしい。

競輪とは

ひと言で言って、競輪の選手は日本で一番練習量が多いプロスポーツだ。

こんなに朝早くから、日が暮れるまで練習しているプロスポーツは他にはない。テレビの取材で当時日本一の先行選手の「滝沢正光」先輩は、まっ暗な夜中の3時、長距離のロード練習に出かける。それを耳にしたテレビスタッフは、半信半疑だった。取材中にそれが事実だと知って驚いたそうだ。超一流選手は夜明け前から長い距離を乗り込んでいる。当たり前の光景なのである。俺みたいなその辺にいる選手であっても、たまに百キロ以上を乗り込んでいた。本当に、たまにだったけれども。

一年三百六十五日、シーズンオフがないプロスポーツ競輪。思っているよりもハードなスポーツなのだ。

競輪の専門用語

初めて競輪に触れる読者に、いくつか専門用語の紹介を。競輪は基本9人で走り勝敗を競う。近年、「チャレンジ」という7人で走る競輪もあるが、基本は9人で走るのが競輪だ。大ざっぱに戦法を紹介すると、「**逃げ**」、「**追い込み**」、「**マーク**」、「**自在**」の4つのタイプ。

俺の戦法は追い込み、追い込みの武器でもある「競り」を説明する。

競りとは

競輪はレースのメンバーの中で一番強い逃げ選手のすぐ後ろ、この位置を確保してついていく。ついていけたならばそこは一番勝利に近い位置でもある。なぜか？　強い逃げ選手ならば、ほぼ間違いなくゴールまで連れていってくれる。だから、強い逃げ選手の後ろは誰でも欲しい。それで、この位置の奪い合いが始まる。

さあ、戦闘開始！　乗車している自転車のハンドル、身体の一部分、「肘」、「頭」、「腕」、「脚」などを使い、相手の選手へ体当たり。この位置を争い、勝利には近いが「リスク」も覚悟しなければならない。相手を落車させて「失格」になったり、自分も落車し骨折や怪我、運が悪いと命を失うこともある。不運にも命を落とした仲間もいた。位置の争いはハイリスクでもあるのだ。

俺も「競り」に参加して十回ほど骨折を経験した。「ひと言」、楽していては、絶対に美味しい位置を廻ることはできない。

番手って何？

逃げている選手のすぐ後ろの位置を、俺ら選手は「番手」と呼んでいる。逃げている選手のすぐ後ろの二番手という意味。西日本の選手は別の言い方で「ハコ」と言うこともある。由来は分からない。出走前日には記者のインタビューがあり、このインタビューでレース当日に競りになる選手が分かる。お互いに宿舎に入った瞬間から戦いが始まる。入浴する時、食堂で互いの視線が合う時、相手より先に視線をそらさない。世間で言う、「メンチ」を切るというやつだ。

俺もそうだった。そうは言っても、相手の選手とも戦いを離れたら冗談も言う。イタズラなどもやったり、やられたり、夜の食堂で一緒に酒を飲むこともないとは言えない。相手が憎いわけではないので当然だ。俺らの走りには大切な、命の次に大切なファンのお金が賭けられている。戦いのスイッチが入れば、戦いのモードに入っていく。戦いが終われば何事もなかったかのように一緒にコーヒーを飲んでレースを振り返る、そんな世界。終わったことをいつまでもグズグズと言う、気持ちの切り替えが悪い男は相手にされない。先輩の厳しいひと言で終わる。

「お前は、負けっぷりが悪い」「見苦しい、男らしくない」

このひと言で、その場は静かに収まっていく男の世界。そうしてみんな、男になっていく。

「ライン」とは

競輪は複数で走るレースで、お互いに勝つための利害が一致し、協力する仲間を「ライン」と呼ぶ。1人で8人の相手とは戦えないので、「ライン」を組んで戦うのである。「ライン」には優先順位があり、一番絆が強いのが同じ県、次が地区、俺は長崎だから九州地区になる。大きく分けて2つの「ライン」を基本に、同期であったり、個人的に仲が良い俺の場合、宿舎食堂での飲み仲間なども「ライン」になることもある。酒友ラインとも言う（笑）。冗談抜きにこれは大切なラインなのだ。酒を飲むと本当の性格が分かる。この男と運命を共にしてもいいのか、それを見極める大切な時間であり場所なのである。本音を言わせてもらえば、面白おかしく飲みたいだけ（笑）。

つまり、「ライン」とは1人より2人、2人より3人で組んで走る方が有利。力を出しやすいし勝利にも近くなる。レースの形は大体「三分戦」。自分の味方の「ライン」、「二組の敵のライン」に分かれて戦うことが多い。

「ライン」の面白い話

長崎競輪選手会の先輩「A」さんは、男気がある人で可愛がってもらった。いろいろな遊びも教わった。長崎の選手で、昼食を賭けたほとんどの遊びは「A」さんから始まった。夜のネオン街へもちょくちょく連れて行ってもらった。「A」さんの話は面白い。金払いもよく、男にも女にもモテていた。顔はそれほど「よか男（ハンサム）」だとは言えない、けれども〝モテ〟た。ある日のレースのこと。

「今日のレース、広島の逃げ選手の後ろで勝負！」

何を言ってるんやろ、Aさん。

「広島の逃げ選手の後ろって言いました？　その位置、同じ広島の選手がいます。ガッチリ強い絆の同県ラインですばい（ですよ）」

「なんば言いよるとか！（何を言ってるんだ）。長崎と広島は、たくさんの人が原爆で命を失くした仲間やろ。勝負に行かんでどうする」

「Aさん、無茶です」

「それを言うなら、同じく苦しんだ広島の選手がおる（いる）」

※原爆で尊い命を亡くされた方々、今も苦しまれている方々、もしも気分を害されたらごめんなさい。俺の両親も被爆者であります。俺も被爆二世であり、決して茶化しているわけではございません。

無茶な人ではある、だけどどこか憎めない、そんな男Aさんなのだ。「A」さんの話再び、関東に酒匂《さこう》という選手がいた。Aさんと同じレースだが同じラインではない。何の関係もない、九州の選手「A」さん。

「今日のレース、酒匂の後ろに勝負に行くばい！」

「しようがなか（仕方ない）、ガキの頃からの酒飲みだ」

「酒と俺は切り離せんばい」

「ピッタリついていく」

もうAさん、またまた無茶言うて。この「A」さんのコメント、記者も仲間も大爆笑。やるなあAさん、無茶やけど、楽しませてくれる。エンターテイナーやなあ（笑）。

この日の夜、宿舎食堂の酒の席で、「A」さん、無茶をするの話で盛り上がり、よく笑った。よく飲んだ宿舎食堂の夜だった。

「ライン」には例外がある。「ライン」など気にもしない、レースで一番強い逃げ選手の後ろで勝負する、そんな選手が「ライン」を組まない、例外の選手もいる。「番手勝負」または「ハコ勝負」と言い、「ライン」を組まずに一人で戦う。その戦いは自分のポリシーであり、生き様でもある。

デビューして数年が過ぎ、「マーク」選手、「追い込み」選手として名前を売りたい。「仲間」や「ファン」に顔と名前を覚えてもらうため、あえて「ライン」を無視する。一番強い逃げ選手の後ろに勝負に行く。落車、骨折のリスクは覚悟して、俺が選手になったばかりの頃、憧れのスター選手・山口国男先輩が言っていた。

強くなりたけりゃ、とことん競りに行くか、とことん逃げるかどっちか一つ、それ以外に道はない。まさしく、その通りだと思う。

野次とは

競輪における野次について話をしておきたい。選手にとって野次とは、良い意味でも選手を強くするものだと思う。心にグサッと突き刺さる罵声、おっかないファンの怖い言葉。

「帰り際、気をつけろよ、門で待っとるぞ!」

「覚悟しとけ、バカタレ」

など、ただでさえ負けてガックリしてる心と身体に、こんな野次は辛いものなのだ。近年「静岡競輪場」において、あまりにもひどい野次を発したお客様には退場していただくなどの対応をしていると聞いた。疑問に思った。なぜならば選手は野次で育つ、野次で強くなる。この場面、勝負を逃げてはいけない、心が決まるのは野次があるからこそだと思っている。命の次に大切なお金を賭けてくれるお客様は、野次を飛ばす権利があると思っている。キツイ野次を常に飛ばしているお客様、そんなお客様がある日、「よ〜やった(よくやった)、次も頑張れよ」こんな声援に変わっていく。嬉しくなる。どんな応援にも代えがたい。練習するぞ、キッチリとした勝負するぞ、そう思ってしまう。野次が選手を育てている。

静岡競輪場は、選手と施行者が一つになっている。お客様に喜んで帰ってもらおう、心の込もった勝負を見てもらおうと、メンバーの構成、場内イベントなど努力を惜しんでいない。日本一の競輪場に足を運んでもらいたいという思いが伝わってくる。地元の選手も、お金じゃない何か、そんな走りを見せたい。その思いを背中に乗せて走っている選手ばかりだと思う。お客様に愛され、俺も大好きな競輪場。これからも、もっと野次って次々に強い選手が現れて欲しい。

野次には地域でいろんな野次がある。その場所のローカル色が出る。俺の地元佐世保競輪場で俺への野次はというと、

「おい、こら田中お前練習しよっとか（してるのか）」

「ママチャリで俺が走っても、お前には負けけん」

「てれんぱれん（てきとうに）走ったら精霊船（しょうろうぶね）に乗せて流すぞ、コラ！」

※精霊船とはお盆に帰ってくる先祖を乗せて浄土まで運ぶ船、長崎精霊流しという供養の行事で使われる。

この野次に、金網付近にいたお客様、同じレースを走った選手までもが笑っていた。まいった。同じレースの九州の選手がひと言。

「田中さん、目一杯練習して、精霊船には乗せられんごとせんばね（ないようにしないとね）」

これぞ長崎、そんなローカルな野次であった。このお客様、いつもひとひねりがあり、野次を楽しみにもしていた。野次が聞こえないとあれ、来てないのかな、と寂しかったりもする。年が明け、お正月開催の佐世保競輪。いた、あのお客様。久しぶりに聞く野次。

「お～い田中、正月早々お前のしょうもないレース見に来てやったぞ。今回は大丈夫か、ミスドでドーナツなんか貰いやがって。そんな暇あったら自転車乗らんか、地元やろうが」

この野次に他のお客様、ワッと笑い。オチまでついとる野次、やるなあ、さすがばい（だな）。俺がF選手の見舞いにミスドでドーナツ買ったこと、なんで知ってる、どこで見たんやろ。レースでヘルメットは被って走っているので、顔なんか分かるわけない。けれど、確かにミスドでドーナツ買った。地元ファン、恐るべし。

またしても、同じレースの先輩からひと言。

「田中…地元で、うかつにドーナツ一つ買えんな」

「地元で風俗なんか絶対行けんな」

オチがついた。

「絶対行けませんね」

「我慢できん時は、博多まで車飛ばして行きます（笑）」

ちょっとひと休み、コーヒータイム。ラジオから大好きなナンバーが流れている。ベッド・ミドラーが歌うローズという曲。若くして飛行機事故で亡くなった天才女性シンガー、ジャニス・ジョプリン。短くも激しい人生を映画化した「ローズ」の主題歌。胸を打つ歌詞。よかあ（いい）この曲、胸にグッとくる。

入院、戦士たちの休息

競輪選手に怪我はつきもの、入院することが多く病院にもお世話になる。入院生活のあれやこれやを話していく。

ひと言で言うと入院生活はしばしの安らぎ、戦士の休息、オマケにバカンス。ごほうびのようなものなのだ。特別競輪でタイトル争いをしている超一流選手にとって、一秒でも早く回復しタイトル争いに参加したい、こんな選手ばかり。そんな選手にとって入院は骨休めにはならない。しかし一年を通してシーズンオフなどない競輪選手にとって、ゆっくり自分と向き合える時間、それが入院だと思っている。現役の選手は「公傷制度」があり、出走回数が規定に足りない時この制度が適用され、現在のランクが保障される。出走回数よりも多く走って成績が悪く、少しでも点数を上げないといけない場合ランクの保障はなく、走って自分で点数を上げるしかない。必然的に早く退院し無理して走ることになる。骨折が完治していない。けれど退院して走る。入院中は、本格的な練習なんかできない。そんな状態でレースを走る。再び落車して骨折して入院。このパターンがよくある負のスパイラル、それを一番恐れている。

公傷制度を使って入院することは、俺ら選手にとってはパラダイスなのである。俺の入院デビューは二十歳そこそこだった。まだまだヤングの頃にまでさかのぼる。普通、先輩の選手の誰かが一人ぐらい入院している。先に入院している先輩が入院するにあたって、いろいろなルールや決まり事を教えてくれる。そのルールの中でも何より大事なこと、それは、これからお世話になるナースに甘いものを忘れずに買ってくること。特に口うるさい厳しいナースには、このルールを忘れてはならない。

朝食後受診を済ませ、リハビリを兼ねて競輪場へ軽いトレーニングへ。入院患者なのだから病院側は長時間のトレーニング、リハビリを超えたトレーニングを認めるわけにはいかない。入院している選手が食事にまったく手をつけずに放置することを何よりも嫌がる。

一度、リハビリトレーニングに行ったきり、昼食・夕食にも帰らず病院食を放置したままにした。この状態が続くとクレームが来ることになる。こんな時、もしも後輩が入院していたなら、放置している食事の片づけに病院に戻る。しかし後輩がいない時、入院のルール、ナースに甘いものを買って帰る。このルールが活きてくるのだ。放置したままの食事を下げてくれることもあったりする。その日は何も食べないのか？ 聞くだけ〝ヤボ〟。病院では補うことができない栄養をつけて帰るに決まっている。骨折した身体には必要な栄養を与えなければ、選手たちは身体が資本なのだから（笑）。もちろん、ナースに佐世保名物、〝一口ギョウザ〟を忘れてはいけない。これも入院ルール。病院裏門の鍵が閉まる時間に間に合わない。そんな時、アレ、鍵が壊れてる、閉まらない、こんなフォローもしてくれることもある。阿吽の呼吸ってやつ。

入院の心得その一、魚心あれば水心あり、ナースも同じ人間。競輪界を支えている若い選手の皆さん、一日でも早く復帰して走る。楽しい入院生活を送る。そのためにも、このルールだけはぜひとも覚えておいてください。

（入院エピソード食事の処理については、フィクションであります）

入院生活、パート2

どの病院にも、病院の主と言われている人がいる。ボスのように病院を仕切る存在。俺らがお世話になった病院にもいた。T婦人と呼ばれていた。名字はTではない、なぜかそう呼ばれていた。多少性格がキツイ。しかし根が優しいT婦人。入院中の選手の会話で、

「昨日、朝の治療時間守ってくれってうるさく言われた」

「時間に遅れたら外来の後に回すらしい」

「マジか！　リハビリ時間に間に合わん」

「チョッと電気治療遅れたぐらいで、意地悪ババア」

「青木さんには一回も注意したことなか（ない）くせに」
※青木さんは先輩選手であり、ハンサムで当時独身。競輪も強く、ナース人気ナンバーワンの入院患者だった。
「俺らにだけ厳しかな（厳しいな）、ボケT婦人が」

そんな会話が続き、T婦人への不満をぶちまけていた俺ら。さきほどからなぜかひと言も口を開こうとしないA先輩、ニヤリと笑った。病室の天井を指してひと言。

「お前ら、天井の小さか赤ランプ、あれ何か分かるや（分かるか？）。あれは集音のマイク。歩行できない患者が具合が悪くないか、困ったことはないか聞くためのマイクだ。お前らの今の会話、一つ残らずT婦人に筒抜けばい（笑）」

え、マジですか、さっきからひと言もしゃべらんし、おかしかって（おかしいと）思うとった。意地の悪さ～（意地悪ですね）。

それからのT婦人、俺らに厳しかったのは言うまでもない。この話には続きがある。この後に起こるお化け事件で、T婦人にしっかりと仕返しされてしまったのだ。

「お化け事件」病院にて

ある日の病室。消灯後、30分程が経過していた。昼のトレーニングで疲れ果てて眠りにつこうとしていた。チ～ン、チ～ン、どこからか聞き慣れない音がしている。しかもすぐ近くから聞こえる。鐘を鳴らしているような音。聞き覚えがある音。そうか、仏壇の鐘を叩いてる音。気のせいやろう。再び、スウ～ッと眠りに落ちようとしていた時、チ～ン、チ～ン、またしても鐘の音、気のせいじゃなかった。確かに聞こえる。気持ち悪い、隣のベッドで寝ているM先輩を起こす。

「さっきから、チ～ン、チ～ンって鐘ば叩いてる音のするとですよ（鐘を叩いてる音がするんですよ）、何の音ですかね」

「マジか？　何も聞こえんぞ、勘違いやろう（だろう）。リハビリで疲れた。早う寝ろうで（早く寝よう）」

「分かりました」

　消灯。数分が経ち、チ～ン、チ～ン、またしても鐘の音が。それだけじゃない、ナムアミダブツ、ナムアミダブツ、お経を唱える声もしている。その声をチ～ン、チ～ンと鐘の音が追いかけてくる。もう限界、ビビりな俺、お化けと蛇とカミナリが大嫌い。飛んで起きて電気をつけた。

「うるさい、寝られん！」

「すいません、でも絶対に聞こえた。しかもお経まで聞こえた。聞き間違いじゃなかです！」

「分かった。電気つけたまま寝ろうで」

「ありがとうございます」

　この夜、電気をつけたままでどうにか眠りについた。翌日消灯後しばらくすると、またしてもお経と鐘の音、その次の日も、しかも俺だけにしか聞こえていないらしかった。気が狂ったかもしれん。こんなところで眠れるわけがない。ひょっとして俺は霊にとりつかれたかもしれん。真剣にそう思っていた。この騒動の時は気がつかなかったが、よく考えてみると、M先輩が外泊をして病室に戻って来ない日には不思議なことに何も聞こえなかった。その頃はそんなことを考える余裕なんかなかった。眠れない夜が続き、婦長のT婦人にそれまでのことをすべて話した。

「そう言えば田中くんの病室、以前身寄りのないおばあちゃんのおった（がいた）。病室に仏壇持ち込んで毎朝お経あげよった（あげていた）。2年ぐらい前にあの病室で亡くなったとよ」

俺はなんとなくおばあちゃんを覚えていた。婦長が話し終わり、こんな病室、一秒もいられない。すぐにでも退院したい。翌日退院することに決めた。院長先生の診断書は肩甲骨の骨折、3ヵ月入院の診断が出ていた。それでも退院を決めていた。基本的に骨折で走れない場合、個人で長期入院にも対応できる保険に加入していた。毎月、安くはない保険料金を支払っていた。走れないならば無収入、競輪選手はそうして生活の保障に備えている。それを何もかも無駄にしてしまう。そんなこと分かっている。退院するなら3ヵ月

は収入がなくなる。それでもここには一秒もおられん(いたくない)。同じ病室のM先輩に、

「Mさん、明日退院します。こんなとこ一秒もおられん（いたくない）」

「マジか！ 早まるな、もう少し様子見て考えろ」

「退院します。とり憑かれてからでは遅か（遅い）！」

　俺の言葉が終わらないうちに、Mさんは伏目がちにソワソワとしていた。

「ごめん浩仁、許してくれ。お化け事件、ぜんぶ俺がやったイタズラ。ごめん許してくれ」

「え！ ウソでしょ、一週間ですよ。ずっとダマしてたんですか？ 全然眠れんし、気が狂うかもって思ってた」

「すまんかった」

「お経の声と鐘の音は？」

「カセットテープを布団に隠して、スイッチ押した」

「おばあちゃんの話も全部ウソですか？」

「ごめん」

「今回だけは冗談ではすまされんです。いくら先輩でも、お世話になっていても許されん」

「焼肉おごる、許してくれ」

そのままT婦人のいる事務所へ。

「Tさん、聞きました。おばあちゃんの話はウソやったんですね。ひどか話ですよ。退院する寸前ですばい」

「ごめんね。Mさんにお願いされて断りきれんやった」

恐るべしT婦人、この人を怒らせたら怖い。しかしお化け事件、どうしても納得できん。Mさんに仕返しせんと気がすまない。

作戦を立てた。Mさんが外泊から病室に戻ってくる日、俺は外泊届けを出した。病院には帰らないと思わせて、Mさんのベッドの下に隠れMさんの帰りを待つことに。ベッドの下はかなりの狭さ。大人の男、しかも体格の良い俺が入って待つにはかなりのキツさ。しばらくしてMさんが帰ってきた。ベッドに腰かけ、いつものように「アンメルツ」を身体に塗る作業が始まる。俺の目線からはベッドに腰かけるMさんの両足がよく見える。待ちに待った瞬間、ガッチリと両足をつかんだ。思いっきり引っ張る。

「うわ！」

悲鳴ともつかない、Mさんの叫び声。両足をぶんぶんと思いっきり振り、逃げようと必死になっている。やった！　やっとスッキリした。気が晴れた。お化け事件のリベンジは終わった。もちろん約束どおりにMさんのおごりで焼肉はごちそうになった。ごちそうさまは言わなかった（笑）。

入院生活、恋愛編

入院は出会いの場でもある。練習が終わり夜にもなると、そりゃあたまにはネオンが輝く街へ出かけたくもなる。単調な生活パターンの毎日を繰り返す競輪選手。一般の女性と知り合うチャンスはそんなに多くはない。そんな毎日の中、入院生活で接する白衣の天使を女性として意識せざるを得ないのだ。負傷して病院のベッドから動くことすらできない、そんな時にお世話してくれる。仕事だから、そうは言っても情が移るのが人間。そんな理由で競輪選手とナースの結婚は意外と多い。

入院中に目をつけていたタイプのナースが他の選手とかぶってしまう、そんなこともある。そこには先輩・後輩、年齢差などまったく関係ない。お互いに競りが始まる。プレゼントを用意する、夕食に誘う、誕生日を調べておく、外泊届けを出しデートに誘うなど、いろんな作戦を練っていく。マメな奴が最後に笑う。努力を惜しむイケメンよりも、マメな不細工が競り勝つ。永遠の真理なのである。

ついでに入院の話

俺の同期でもあり仲が良く練習も一緒、家族ぐるみで付き合っていた「Kさん」の面白い話。自分の病室にはガスコンロが置いてある。仲間と焼肉のパーティーをすると、病室はあっという間にモアモアッと煙だらけになる。他の病室の患者さんが火事だあ～と叫びながら飛び出してくる始末。その階は大騒ぎ、火災サイレンまで鳴り出してＫさんは院長先生からキツイお叱りを受けてしまった。それだけで終わるはずがないＫさん。無断外泊をして３日程の東京旅行に出かけたりとムチャクチャな男、世の中のスケールには収まりきらない。当然のごとく、東京帰りのＫさんに強制退院のペナルティが。

「Ｋさん、当然やろ。仏の院長の顔も三度までやろ（笑）」

「田中さん、納得いかん」

「強制退院になるようなことしとらんし」

「おい、おい、あんた３回ぐらい強制退院になってもおかしくないばい（笑）」

私生活も仕事でもある競輪もすべて全力。どこか憎めない愛すべき男、Kさんなのだ。
※入院中の話はすべてフィクションであります。

練習での面白い話

みんなで山登りの練習へ。自分のペースでゆっくりペダルを踏んで山を登っていた。山を登っている俺らの目の前には、おじいさんに綱を引かれた農耕牛がべちゃべちゃっとヨダレを流しながら、のっそりと散歩している。その時、猛スピードで坂を下っている男がいた、Kさんだった。Kさん、なんであんなに猛スピードで坂を下った？ みんな思っていた。練習が終わってジュースタイムになった。

「Kさん、あと少しで頂上やったやん。いきなり猛スピードで下っていったね。何で？」

「何でって。オイ（俺）の練習着見てん（見てよ）。真っ赤な練習着ですばい。目の前見たらデカイ牛。オイの真っ赤な練習着に突進してくるかも。あの角で突かれて死ぬかも。一秒でも早う下ってしまおう。そがん思うたとですばい」

言わせてもらいますが、俺らの目の前に現れた農耕牛のような牛の角、それは、ニキビに毛の生えた程度のもの。闘牛の角と比べるのは闘牛に失礼、そんなレベルのものだった。

入院、思い出す人たち

入院中の病室ではいろんな人と知り合うことが多くあり、思い出す人がいる。ペンキ屋のおっちゃん。みんなそう呼んでいて、俺ら選手の誰かが入院しているとペンキ屋のおっちゃんも必ず入院していた。おそらく病室に住みついている主のような存在。おっちゃんは70歳前後ぐらい。若い頃はヤンチャであっただろう、キツイ目つきがそう語っていた。かなりの競輪ファンでもあり、昔の選手や現在の選手のことまで知り尽くしていた。俺らと競輪の話をする時は、日に焼けて真っ黒な顔をクシャクシャにして楽しそうに笑っていた。見た目は怖いが優しくて、病院内の手スリや階段、扉の文字の消えかかっているところ、そんな場所のペンキの塗りかえを無償でやっていた。俺らの病室に遊びに来ては選手の話を聞くことが大好きだった。選手のプライベートや女性関係、賭け事が好きな選手の話には子どものような笑顔で食いついてくる。

入院していた時入院患者の一人に、やっかいなワガママじいちゃんがいた。偏屈でかんしゃく持ち、自分勝手なじいちゃんだった。起床時間よりも2時間以上も早く起き、洗面所ではバタンバタンと朝早くからうるさかった。俺らはリハビリで疲れていた。もっと寝ていたい、朝早くからうるさい、かなりまいっていた。婦長さんが何回注意しても聞かないと困っていた。そんなある日、ペンキ屋のおっちゃんが、

「おいジイさん。朝早うから、バタバタうるさか。毎日お前の騒音にみんな迷惑しとる。ここはお前の家じゃなか。今度朝っぱらから騒いだら叩き出すぞ！」

と、きつく注意してくれた。その日以来じいちゃんの4時起きはなくなり、みんなはゆっくりと眠ることができた。じいちゃん認知症なのかな、そう思い見過ごしていた。けれどおっちゃんの迫力に完全に負けていた。ボケたふり、ちゃんと人を選んどる。おっちゃんの注意は素直に聞いていた。

それから何年もおっちゃんを病院で見かけなくなった。婦長からおっちゃんが亡くなったと聞いた。子どものように笑う心優しい男だった。競輪を、競輪選手をこよなく愛し可愛がってくれた。さようならおっちゃん、ありがとうおっちゃん。

思い出の仲間

最初に紹介するこの男、長崎競輪選手会の裏のスター、Mなのである。表のスターがオリンピック自転車競技種目団体追い抜き銀メダリスト井上であるならば、もう一人のスターがMであることは間違いない。Mの話の9割は作っている。それが分かっていても、この男の話は面白い。作っていると分かっても笑ってしまう。長崎というローカルな地方の選手Mではあるが、Mの名前は競輪の世界では全国区なのである。裏スターMのエピソード、その1。

―ある日、Mの話―

「田中さん、俺んちの猫の名前、面白かですよ。俺が名前付けました。聞きたかですか?」

「言いたいんやろ、早よ言え」

「二匹おるんです。一匹目が前田、二匹目がハリガネ。何でこの名前付けたか知りたかでしょう」

「さっさと言えよ」

「まずはハリガネから。尾っぽがピイーンとまっすぐ、ハリガネみたいやからハリガネ」

「前田はどうして前田？」

「俺んちの近所に、しかめっ面で愛想のなか（ない）おじちゃんのおると（がいるん）ですよ。お腹空かして、エサを欲しがる顔が前田のおじちゃんにソックリ。だけん前田って名前にしました」

エサの時間にハリガネ、前田、ご飯よ～帰って来いと毎日声かけしていたらある日、前田のおじちゃんが訪ねてきた。

「Mくんのエサやりの声かけ、前田～ご飯よ～って声かけ。やめてもらえんかな。夕方にエサやりの声かけ聞くたびにドキッてなる。俺が呼ばれよる気持ちになる。猫の名前、変えてくれんかな。お願いします」

「おじちゃん、それは無理です。この猫は自分ば（自分を）前田って思っとる。今さら名前変えたら、声かけしても帰ってこん。無理です」

「そうか、困ったばい。じゃあ、せめて声かけの時に前田の後に、さんぐらいつけてくれんかな」

「分かりました」

この日から夕方の声かけが、前田〜から、前田さ〜んに変わったらしい。

─佐賀県一の天然男Y─

純粋で、人を疑うことを知らないY。長崎と佐賀の選手は仲が良くて合宿も一緒にやるし、レースにおいても西九州ラインという絆で結ばれていて互いに助け合う仲間でもある。ある日の陽が差す天気が良い午後のこと。

佐賀県武雄競輪場の事務所。役員会議が開かれている。あいさつもソコソコに事務所に入るYが役員のIさんに、

「こんにちはIさん、ちょっと腰の痛かと（腰が痛い）ですよ。次のレース、欠場させてください。自転車にも全然乗っとらんし。走ってもビラするし（八着九着するから）、お願いします」

「ああ、そうや（そうなんだ）。ちゃんと診断書持参して欠場の申請せんば（しないと）」

「はい、診断書もらってきます」

30分もせず戻って来たY、

「まさか、悪い予感がする」

Iさんの目の前にうすっぺらな紙のようなものを差し出すY。なんじゃこりゃ！とても診断書と言えるものではなかった。広告のチラシ程度の貧相な紙キレ、余白の白い部分で手書きのような文字が見える。

「診断書持ってきました。これでよかですか？」

Iさん、紙のようなものを受け取り目を通す。まさか、本当に広告チラシの余白に文字が書いてあった。それは、まるでミミズが紙の上を這ったように斜め上の方向に走り書きしたように文字が書いてある。

腰がぁ〜すこ〜しばっかり、悪いみたいですよ

「……なんじゃこりゃ……。これ、診断書って、お前。指定病院で書いてもろうたか？」

「し、し、指定病院ってですか（言いましたか）。すんません、もう一度行ってきます」

「ところでY、これ、どこで書いてもろうた？」

「家の近所です。いつも行くあんまさんで」

なるほど、これを書いた人はおそらく視力障害のある人で、ここまで書くのがやっとだったはず。この時のYは選手生活十年は過ぎていたはず。欠場するには指定病院の診断書が必要なことを知らないはずはない。Yのユニークなこの話、その場で対応したIさんから

直接聞いた。さすがY、やってくれるばい（笑）。しばらくの間、長崎と佐賀の選手の間では、欠場したい時にこんなセリフが流行ったのだった。

「腰がぁ〜すこ〜しばっかり、悪〜いみたいなので〜欠場させてください（笑）」

昭和という時代

俺が生まれた昭和のど真ん中、ご近所さんも家族のようだった。それは、うっとおしくもあり、ありがたくもあった。人の情が通い合っていた気がする。両親は共働きで俺ら3人兄弟は、いわゆる鍵っ子だった。ある日の夜、俺たちの夕食を用意して両親は外出、戸締りと火の用心をして留守番、早く寝るようにと言われていた。夜中にトイレに起きると一番下の弟がいなかった。あわてて次男と2人で弟を捜す。俺らの住んでいた集合住宅、アパートはスペースが広かった。おそらく遠くには行っていないはず。真夜中でもあるし、そう思いながらしばらくの間捜していた。すると、すぐ隣のアパートから俺らの名前を呼ぶ声がした。見上げると、顔見知りのおじちゃんとおばちゃんの2人が階段を降りてきて、「弟はうちにおるばい。寝とるばい。エン、エン泣いて外ば歩きよった（外を歩いていた）。

うちで寝かせとる。お母さんは、どこに行ったね?」

「用事で外出しとる、俺たちは留守番。この子は小さかけん。目の（が）覚めて、お母さんの（が）おらんけん捜しに行ったとやろ」

「オシッコ、しかぶっとったばい（もらしていたよ）」

「今晩だけ、うちで寝かせる」

「朝、お母さんが帰ったら迎えにおいで」

「おばちゃんありがとうね」

その夜、俺と次男は自分の家に帰った。朝になり、母親と一緒に弟を迎えに行った。おばちゃん夫婦には子どもがいなかった。２人とは道で会えばあいさつするぐらいの顔見知りでしかない。

あったかい気持ちになった昭和の風景。今の時代は、時間が目まぐるしく廻っている。心がついていけない。人の顔や気持ちが見えなくなってしまった。「仮想通貨」などで、大金を手にする人がいる。必ず損をしている人もいる。悲しんだ人の涙の上にある幸せ。八百屋で見ていたおっちゃん、おばちゃんのいつもの風景。

「うちは貧乏子だくさんばい。ガキが腹へったぁ～って泣きよる。ちいっと、まけんね（少し安くしてよ)」

「しょうがなかね、ガキを出されたら(笑)。まけてやるけん、人に言うなよ(笑)」

こんな会話が毎日聞こえていた。みんな、毎日汗をかきながら、顔を合わせながら生きていた。普通の毎日、人間に生まれた幸せってこんなことだったかもしれない。情報や品物のやり取りだけで終わってしまう毎日。どんなに時代が進んでも、人の心はそんなには変わらない。昭和は小さな町の片隅にも情があふれる時代だった。

本当にあった怖い話(競輪場宿舎編)

競輪選手になり、10年ほどが経った32歳頃の話。地元開催の佐世保競輪。この開催は、珍しく同期が8人もいた。滅多に顔を合わせることがない関東の同期がたくさん。こんなに多くの同期がいた場合には、同県の選手に許可をもらって同期会をする。お酒を飲み、昔の話で盛り上がる楽しい夕食のひととき。いい年のオッサンが集まって賑やかで騒がしい、食堂での同期の会。話のほとんどは競輪学校の苦しい訓練、仲間にやったイタズラ、それぞれの近況とバカな話、懐かしい思い出を語り合う夜はあっという間に過ぎていった。

落車で一人の同期も欠けることもなく、最終日を迎えることができた。この開催、俺と「K」と「O」は同期3人で決勝戦に進出していた。お互いに地区が違うので「ライン」を組んで連携することはできなかった。お互いに恨みっこなしで頑張ろう、そういうことになった。レースが終わった。結果、俺は一着、つまり優勝。しかしこのレース、俺は進路妨害で失格審議の対象の選手でもあった。失格の判定ならば優勝は取り消し、二着の選手の繰り上がり優勝になる。判定までの数分が1時間ぐらいに感じた。祈るような気持ち。

（優勝か失格って天国と地獄ぐらい違う。神様、お願いします）

そんな気持ちで待っていた。5分程の審議が終了、場内アナウンスが流れる。

「大変長らくお待たせしました。審議の結果、二番田中選手は失格といたします」

このアナウンスを聞いて、身体中の力が全部抜けてしまった。決勝を走った同期2人が

「田中さん、残念。こんなことって二度はないから次は、良いことあるよ」

と、なぐさめてくれた。

「田中さん、たまには神社でお祓いしなよ」

Kがしきりとそう言っていた。それぞれに帰り支度を済ませ、佐世保から地元へ帰っていく。俺も自転車を車に積み、帰るところだった。

「田中さん、この話Kちゃんに口止めされてた。レース終わったし、気になるけん話します」

「どうしたん？　何かあった？」

「食堂で飲み終わって、2階の空き部屋で4人で同期会の続き」

その時Kちゃんが、

「前検の日と初日が終わった夜、2日続けて変な夢見た。黒の二番車田中さんが一着、ガッツポーズ、しかし失格審議対象選手になってる。結果は失格。田中さんガクッとしてる」

こんな夢だったらしい。俺たち、決勝を見て驚いた。おいおいKちゃんの夢、そのまんま、田中さんの黒の二番車で優勝と思っていたら失格、ガクッと落ちこんでいた。夢とまったく同じ、この夢のこと田中さんには言わんで帰ることにした。それを聞いた俺、Kちゃんに確かめずにはいられない。翌日に電話して確かめた。本当だった。こんな話、まったく信じられない、むしろバカにしていた。この夢の話から、世の中には不思議なことってあるなと思うようになった。

この話は続く。競輪場の各地に怖い話はある。あの競輪場にはお化けが出る。私も見た。金縛りにあって動けなかったなど、ほとんど噂話レベルで信じるほどのことはない。しかしF県のIT競輪場、ここだけは違っていた。選手及び関係者、ファンまでもが口を揃えて、あそこは本当に出るというくらい、有名なのだ。長崎の選手が何人も金縛りにあって真夜中には、ド～ン、ド～ンと陣太鼓の鳴り響く音を聞いたと話していた。ＩＴ競輪場の参加を断って欠場をする選手もいた。選手の間で、それほどに有名な競輪場だった。

この話の始まり、それが、先程の同期のＫちゃんだと聞いた。Ｋちゃんには先に競輪選手になっている８歳上の親戚の選手がいた。その影響でＫちゃんも選手になった。その選手がＩＴ競輪参加の夜中、突然金縛りに。苦しい、怖い、身体がまったく動かない。勇気を出して両目を開いた。目の前をグルグルとうず潮が廻っていた。しばらくそのうず潮を見ていた。すると、うず潮の中から鎧姿で長い槍を持った武士が現れた。武士の横には幼い刀持ちの武士がいた。武士が語り始めた。

「それがしは（私は）、この合戦で命を落とした。ここに多くの武士が埋まっておる。その魂は成仏できないでおる。掘り起こして供養をお願いしたい」

そう言うと深く頭を下げ、うず潮の中へ消えていった。翌日の朝、部屋の仲間に昨夜の出来事を話したが笑い話にされ、夢やな、そのひと言で終わってしまった。ところが翌日の深夜にも同じような金縛りに。そして武士が現れた。今度は無言だった。じっとこちらを見ているだけ。この出来事からしばらくの間、選手たちは金縛りにあった、鎧姿の武士が現れたといった噂が広まった。その頃、またしてもKちゃんの親戚にＩＴ競輪場参加通知が届いた。初日は何事もなく眠りについた。２日目の夜、いきなりの金縛り、陣太鼓がドン、ドン、ドーンと鳴り響いていた。部屋の仲間は誰も目を覚まさない。そして、うず潮の中から武士が現れた。すごい怒りの表情で静かに語り始めた。

「ここに埋まっておる仲間の供養をお願いした。誰も聞き入れてくれぬ。せっしゃが姿を現すのも最後。供養してもらえぬのなら、そなたの仲間を一人連れていく」

そう言い残し、うず潮の中にス～ッと姿を消していった。以前とは比べられないほどの怒りの表情で。翌日、関係者に昨夜のことをすべて話した。埋まっている場所を教え、ちゃんと掘り起こし供養してあげて欲しい。あの怒りの表情は忘れられない、もう走れない。そう言い残し途中欠場して帰った。その後、所属している競輪場の支部長にＩＴ競輪場の配分が来ない手続きをお願いしたと聞いた。この選手は、それから一年も経たないのに選手を辞めてしまった。ＩＴ競輪場の関係者も動き出した。

武士が話していた場所を掘り起こすと、たくさんの人の骨が出てきた。みんなで供養をしてあげ、それ以来、武士が現れることはなくなった。

競輪選手は賭け事が大好き

競輪選手の一日は早朝の練習から始まる。ロード練習に行く者、競輪場でみんなと一緒に乗り込む者が、午後は競輪場でバイクを使ったスピード練習で汗を流す。昼食時の競輪場では昼食を賭けた戦いが始まる。ゲームで勝負する選手、本や電話帳の開いたページの合計で勝ち負けを決めることを「めくり」という。合計した数が9になると〝カブ〟と言い一番強く、それから、8、7、と下がっていくほど弱くなっていく。一番弱い数字が、足して「0」になることを「ブタ」という。足した数字が10になると「0」にカウントされ「ブタ」になる。「めくり」で昼食を賭けた勝負が始まった。「めくり」の名前の由来は、めくったページの合計で勝ち負けを決めたことから来ていると思う。競輪参加中に何人かの選手が集まると、めくりが始まる。

「お～い、コーヒーめくり」

「アイス、めくり」

「参加する奴、おらんかぁ？」

こんな声があちこちでしている。数人の「めくり」勝負で弱い数字を出してしまった奴は、他の選手を誘う。この数字のままでは数人分の支払いが待っているからだ。声をかけられた選手は、「一番弱い数字と強い数字を教えてくれ」

必ず聞く言葉。一番弱い数字は一（インケツ）という。強い数字は8。

「お、一（インケツ）がおるんか」

「低レベルやな」

「勝てそうやな」

「よし、やる、めくる」

こんな会話がどこの競輪場でも聞こえてくるのだ。選手は自分自身賭けの対象だが、自身も賭けることが嫌いではない男たちなのである。

※すべての賭けのエピソードはフィクションです。

話を戻すが、以前話した佐賀の天然男Yを覚えているだろうか。彼の面白い話を思い出した。徳島県小松島競輪場でのこと。佐賀の後輩選手が長崎の部屋へ遊びに来た。

「新たなYさん伝説、誕生ですばい」

「どうしたん、なんがあった」

「初日の風呂上がり、何気なくタタミの上にポンッてお守りば置いとったとです。そしたら、Yさんが」

「誰や、人が踏むとこにお守り置いた奴。バチあたるぞ！」

あ、俺のお守り。すぐにYさんに謝った。その流れからの、ついさっきの話。爪を切ろうと手元にゴミ箱を寄せた。ん、ゴミ箱の中のお守りのようなものに、○○神社って書いてある。間違って誰か落としたんやろう。部屋のみんなに聞いた。

「ゴミ箱にお守りが落ちてますけど。間違って落とした人いませんか？」

「おいが捨てた、もういらんし」と、Y。

「え、よかとですか。バチあたらんですか？」

「バチはあたらん。わざわざ遠くの神社に行って買うたとに（買ったのに）。なんもならんやった」

この日のレースでYは同じ戦法の逃げ選手との戦いに敗れ、九着に敗れていた。

「田中さん、どうですか。新たなY伝説でしょ」

一同大爆笑。やっぱりYは天然なのだ。

競輪の話題に戻って、以前言ったがレースで一番有利なポジションは逃げている選手のすぐ後ろ、「番手」なのだ。強力な逃げ選手の番手を廻れると間違いなくゴールまでたどり着く。強力な逃げ選手の番手を同県の選手が廻るのが常識。しかしそんなに甘くはない。番手の位置は誰だって欲しい。当然狙われる。普段戦いもしない選手。同県ラインを主張しても当然番手は狙われる。普段から闘志を見せて、厳しい位置取りをして、マーク選手として仲間に顔と名前を認めさせる。そんな選手が同県の逃げの選手の後ろならば誰も文句はないのだ。

こんな状況で他県の選手が同県に割り込むには相当な覚悟を必要とする。それを覚悟しても競る場合、自ら逃げ道を断ってしまう。記者のインタビューで「番手宣言」をしてしまうのだ。一度口に出した以上必ず実行しなければならない。

一番大事なこと、それは、ファンが選手のコメントを読み、それをヒントに車券を買うということ。しかし、覚悟を決めた番手宣言も空しいものになることがある。

番手が下がる

前日のコメントの番手宣言から、レース当日、時間の経過と共にいろんな言い訳が口に出る。

「よく考えたら、同県ラインに割り込めない」

「無理しないで、三番手でもいい」

「自分の地元レースで彼には借りがあった」

などの言い訳を並べていく。声を上げて番手宣言をしたあげく、その声を自ら取り消してしまう。番手で勝負する選手からすごい目つきで睨まれてビビってしまった。自分の違反点数がレースの停止ギリギリ、無理はしたくない。そうして時間の経過と共に狙った番手は、三番手、四番手と一車ずつ下がっていく。あげくの果てに、廻れるところを廻る宣言に変わっていく、これが最悪のパターンなのだ。怒ったファンから、はじめっから番手宣言なんかするな！ 厳しい野次ばかりか物が飛んでくることもある。ファンは怒っている。

ファンを無視した選手には途中欠場、帰れコールのペナルティもよくあること。一度でも口にした「番手」、その位置を下げる。それは男として、勝負師としての価値を下げることにもなる。一度でも番手を下げてしまったら選手に伝わってしまいナメられてしまうのだ。次のレースでは狙われるターゲットになる。「番手を下げる」、そのリスクはとても大きなものなのだ。

さあて、二度目のコーヒータイム。何を聴こう。何年か前、「昭和歌謡特集」のＣＤを買った。５枚組、歌詞カード付き、これにしよう。昭和ど真ん中生まれ、知らないおっちゃん、おばちゃん、イタズラが度を超すと殴られた。親でもないのに、人の世話ばかり焼く、情にあふれた町だった。近所の「Ｋ酒屋」、仕事帰りのおっちゃんが寄り道する立ち飲み屋。大人の憩いの場所。親父は毎日寄り道していた。晩ご飯前に親父を迎えに行く。俺と弟の毎日のお仕事、めったに笑わない親父。ここでは、笑っている、よくしゃべる。おっちゃんも親父も楽しそう。早う大人になりたか、お酒飲みたか、いつも思っていた。親父を迎えに行く楽しみがあった。俺ら兄弟を見つけたおっちゃん、

「あ、ヒロ坊、父ちゃん迎えに来たか? こっち来い。プラッシー飲むか」

このひと言、待っていました。

「おっちゃん、飲むばい。ありがとう」

プラッシーはオレンジの香り、炭酸もきいて美味しいジュースだった。俺らはおっちゃんのひと言を毎日楽しみにしていた。現代は親が子を、子が親を平気で殺す。人情が愛情が紙よりも軽い。どこかに飛んでいって消えてしまう、そんな時代。昭和に生まれ、昭和で大人になった俺は幸せだったと思っている。

※立ち飲み酒屋（角打ちと呼ばれていた）
※プラッシー…黄色い、オレンジの味がするジュース

脱線してしまった。何を聴く。5枚組の昭和歌謡、同じ曲ばかり聴いている。なので、好きな曲ばかり一枚に詰め込んで聴いている。曲名は「白い色は恋人の色」「風」「あの素晴らしい愛をもう一度」「真夜中のギター」そして、最後のトリがこの曲。「22才の別れ」。この曲には大切な思い出が詰まっている。

初めて聴いたのは、中一の夏休み。宿泊野外体験学習だった。その日のキャンプファイヤー、同じクラスに好きな娘がいた。その娘も参加していた。なんとかその娘の近くに座れた。たくさんの生徒が参加し、その娘と肩が触れ合うぐらいの近さだった。炎を囲んでみんなで歌う。ドキドキしながら歌っていた。音楽の先生がギターを抱えてやってきた。

「22才の別れ」を歌っている。初めて聴く曲だった。感動した。よか（いい）曲やな、せつなくて、きれいな歌詞。この曲が初恋のせつない思い出とともに大切な曲になった。あの時から数十年の月日が過ぎ、いろんな曲、あらゆるジャンルの曲を聴いた。「ジャズ」「ブルース」「ロック」「ポップス」「クラシック」「演歌」「映画音楽」「ビージーズ」「ビートルズ」「プレスリー」「レイチャールズ」に「カーペンターズ」「ローリングストーンズ」も。

こんなに聴いた曲の中で、人生の終わりに聴きたい曲を一曲だけ選べと言われたら、中一の夏、キャンプファイヤーで初めて聴いたこの曲を迷わず選ぶ。美しい心、優しい言葉で語りかけて、言えなかった思いをさりげなく歌ってくれる。昭和の歌だった。

不思議な喫茶店

長崎のローカルな場所、東彼杵郡川棚町「あんでるせん」。不思議な喫茶店である。地元長崎の選手だけでなく全国の競輪選手までも、佐世保競輪終了後に「あんでるせん」まで足を延ばしていく。多くの芸能人や有名人も来店し、写真も飾られている。当時、一日3回のパフォーマンス。午前、午後、夕方、下の階の果実店で予約を取り番号札をもらう。

パフォーマンスが始まる。マスターが手を触れずに千円札を空中に浮かせている。ビンの中にある穴のあいた旧五十円硬貨。外から入れたネジには手を触れずに、クルクルと廻し五十円硬貨の穴に通してしまう。カウンター席のお客様の五百円を預かって、マスターが両手でこする、その手を開いて見せる、すると手には一円玉ほどに小さくなった五百円硬貨が現れた。五百円硬貨は俺がマスターに預けた。硬貨の真ん中には凹んだ傷があり、小さくなった硬貨にも同じ傷があって驚いたことをよく覚えている。

「このパフォーマンス、マジック、超能力どちらでもかまわない。皆さんが思っていることが答えなのです」

俺は、「あんでるせん」には10回以上通っている。どう考えてもマジックとは思えない。最初に行こうと思ったきっかけは、大分の競輪選手の後輩Dから聞いた話からだった。

「手元にある鍵、失くしても困らない、その鍵を私に預けてもいい。そんな方がいたら私に鍵を預けてください」

「どうぞ使ってください。失くしても大丈夫ですから」

と、Dがキーホルダーから鍵を外しマスターに渡す。その鍵を手の中に包んで何度もこするマスター。パッと手を開いた。あれ、鍵がない。消えている。カウンター席のお客様もビックリしている。マスターの足元をのぞき込むD。

「消えた鍵、気になりますよね。鍵は、預けてくれた男性の自宅のテレビの上にあります。次回、来店することがあれば鍵がどうなったか教えてください」

3時間ほどのパフォーマンスも終了。Dは大分へ帰った。その帰宅の車中、Dに電話が。奥さんからの話では、

「テレビの上にグニャグニャに曲がった鍵があるんやけど」

それを聞いたD、腰が抜けるって言葉、本当ですね、ビックリして腰が抜けそうでしたと言っていた。自宅に着いたDは鍵を見た。確かにあの時マスターに預けた鍵が、アメのように曲がっている。この話、すぐ長崎の選手にも広がっていた。俺はすぐにDに確かめた。

「鍵の話、本当か?」

「はい、すべて本当です。俺もビックリしました!」

俺は弟に「鍵」の話をした。弟は疑い深い性格。

「兄貴、信じとるとや(信じているのか)。バカらしい。俺が行ってネタバラシする」

やる気まんまんな弟。

「千円札、手に触れずに空中に浮かせてる? 見えない糸、ナイロンストッキングの糸、千

円札に引っかけて操っている」

マスターがお客さんに背中を向ける。マスターは、私は見ていないので好きな絵を描いてと言う。描いたら折りたたんで自分で持っててくださいと、そして、マスターが絵を描く。そして、折りたたんで持っていたお客さんの絵を広げてみる。次にマスターが描いた絵を広げてみせる。すると！　2つの絵はまったく同じ、みんなビックリってパターン。マスターはお客さんが描いた絵には手も触れていない。背中を向けたまま、絵を描いているところも見てはいない。これはマジックネタにあるし、お客さんが描いている絵に、上のライトから目には見えない赤外線を当てる。背中を向けてるマスター。お客さんからは見えてないカウンターの床に映る絵の影を見ている。これもマジックのネタの一つ。ここまで説明した弟、翌日の朝の予約を取り、「あんでるせん」へと向かった。数日後、弟からの電話はあきらかに興奮していた。

「兄貴、あのマスターはすごいばい」

こんなことがあったらしい。カウンターの席の真ん中を確保した弟は、こう言った。

「自分で描いた絵とマスターが描いた絵、俺が描くところを見てもいないマスターが同じ絵を描いてみせる、お客さんが預けたコインを手の中で小さくしてみせるとか、それ以外のマジックが見たい。できれば何も描きたくない。描いた絵を見てもいない第三者が同じ絵を描く、これは他のマジシャンもやっている。別のパフォーマンスが見たいです」

何かとクレームをつける弟、マスターは少し不機嫌な表情だったらしい。

「そこまで言うなら、分かりました。一度だけあなたのリクエストに応えましょう。ただし、約束していただけますか？二度と来店しないことを」

「分かりました。約束します。リクエストしますね」

「心の中で思っていることを当ててください。もちろん、書いたり、ヒントを言ったりしません」

「分かりました。しかし正解だとしても、それはあなただけが知っている。他のお客さんは私とあなたが通じている、そう思うでしょう。お客さんには正解を証明できない。皆さんがそれを許してくれるのならばやりましょう」

その場のみんなは納得してくれた。

「両親の名前を当ててください」と、弟。

「分かりました。額にご両親の名前を一人ずつ思い浮かべてください。必ず漢字で」

マスターは弟の額を見つめていた。数分が過ぎ、

「すみません、名字だけ教えてください」

「田中です」

　数分後、

「分かりました。お父さんが分からない。お母さんの名前は分かりました」

　アホらしい。分かるわけない。紙にも書いていない。ヒントも言ってないし。そう思っていた。

「お母さんの名前は、田中冨子さんです。冨の字は上に 、がついている富じゃなく、がついていない冨で冨子さんです」

「兄貴、本当にビックリした」

　言葉も出らんほど、平気な顔をして、正解ですと返した弟、二度と来店しないと約束して帰ってきた。弟の話にはビックリした。次の週の日曜日に予約し、夫婦で「あんでるせん」へ。車中での会話。

「近頃お墓参りに行っとらんね」

「久しぶりに花買ってお墓参りに行かんばね（行かないとね）」

　一時間ちょっとで「あんでるせん」に到着した。

「お早うございます。たまにお墓参りしてますか？　遠方で行けない、仕事で行けない、そんな人も多いでしょう。お墓参りには行けなくても故人を思い出す。それだけでも亡くなった人は嬉しいんですよ」

俺ら夫婦、声も出ない。俺らが車中で話した内容、そのまま同じことを言っている。2人の会話を聞いていたかのようなマスターの話。弟が言っていた。店内での会話に注意すること。集音マイクで店内の声を拾っているからと。なので店内で会話はしていない。「あんでるせん」、やはり不思議喫茶なのである。

リタイア後、それぞれの人生

数年前の6月の初旬、夫婦で小さな旅行に出かけた。行き先は宮古島と石垣島、3泊ほどの旅。独身時代に石垣島を何度か訪れて、新婚旅行も石垣島を選んだ。今回の旅の目的は、昔のままの沖縄である宮古島を訪れること。もう一つの目的は、家族で東京から石垣島に移住した同期の技並夫婦に会うこと。

技並夫婦は2人だけで養蜂業を営んで生活していた。ハチミツだけでなく、石鹸や化粧品、ワインなどハチミツを原料にした商品を開発・販売していた。俺ら夫婦が訪れた6月は最も忙しい時期で、一日に何度も違う花畑を目指してハチと一緒に移動し、自宅に帰るのは夜遅く。旅の間、技並夫婦とはすれ違ってばかりで会えずにいた。そんな時、技並から着信があった。

「田中さん、宮古島に帰るんでしょ。飛行機の時間までに仕事終わるから、石垣の空港で会おうよ」

久しぶりの再会。真っ黒に日焼けしていた顔を見て、頑張っているなあと嬉しくなった。ちょっとやつれて眉毛に白いものが混じって老けたのかなとも感じた。誰も知り合いがいない土地で、ゼロから起業して夫婦2人で始めた養蜂の仕事。口では言えない苦労があったはず。現在の石垣島で、養蜂業だけで生活しているのは技並夫婦だけ。

「金食い虫の長男が学生なんだよ。まだ頑張らないとね」

ニコッと笑った。俺ら夫婦の帰り際、自分たちでつくった石鹸やハチミツをお土産にいただいた。奥さんの由香さんの心温かい手紙が添えてあって嬉しかった。

「田中さん、今度はゆっくりと泊まりがけでおいでよ」

俺ら夫婦が見えなくなるまで、ずっと手を振っていた。石垣島で同期の技並が夫婦で頑張って生きている。好きなことを仕事にして、笑顔でいる。そんな幸せが垣間見られた。

俺ら夫婦も元気をもらった。石垣島にずっといたい、帰りたくない、ここに来るたびにそう思う。

宮古島に帰ったら、どうしても行かなくてはならない場所が2つあった。1つは海から島に架かる橋、その橋の中でも世界一長いと言われる「伊良部大橋」、この橋を渡ること。橋を渡り真下に見下ろす海、それは絶景以外の言葉が見つからない。エメラルドグリーンの海、海に架かる橋、海の上を歩いて渡っているような錯覚を起こす。宮古島を訪れたら絶対に見ておくように、この世の楽園だからと友人の言葉に誘われて訪れた「下地空港跡地」。本当に楽園だった。ここに住もうかなと思うくらい、人生で見た風景で一番美しかった。

宮古島では大きなホテルには泊まらず、家庭的な宿を選んだ。農家民宿T。宿の大将がなかなか個性的でかなりの毒舌、ズケズケと言葉に出してしまうが嫌味はない。笑えばチャーミングで情があり、奥様も働き者で大きな声で笑っている。この宿の母ちゃんみたいな女性。2人のおかげで、自分の家にいるようにのんびりと力が抜けた。美味しい地元の料理と、海の恵みと山の恵み、そして大将の面白い話。

「石垣島と宮古島の人はね、お互いをライバルだと思ってるわけ。自分の住む土地の海と風景が一番美しいと思ってる。石垣島の人は宮古島の人を田舎もん扱いするし、宮古島の人は観光地の石垣島の人を都会かぶれしてるって思ってるんだよ」

お酒も入ってないのに、大将のペースは上がり続ける。

「大将、沖縄にユタっておるやろう？」

「どの家族にも大切なユタがいる」

「困ったら相談するユタが必ず一人はいるって本当？」

「本当だよ、家族の悩みを相談するユタがいるよ。恋愛で悩んだりするでしょ。あの人、本当に私を好きなの？ 遊ばれてるんじゃないの。同時に2人の人を好きになるとか。俺は母ちゃん一筋だけどね（笑）。病院に行っても病気が治らない時、ご先祖様が言いたいことがあるんじゃないかと思うわけ。そんな時、ユタに相談するのさ。ユタは心の拠り所だよ」

最後の宮古島の夜、大将の面白い話、大きな声で笑ってる母ちゃんの笑顔。宮古の夜は、波のように静かに過ぎていった。

翌日、長崎に帰る日の午前、行きたかったもう一つの場所、石庭と言われているパワースポットに向かう。宮古島空港の近く、新城さんという個人宅の庭なのだった。石庭のいきさつは、家主の男性である新城さんが毎晩見ていた夢の話から始まったらしい。庭に埋もれている石が「ここから出してくれ」と何度も言っている夢を見続けていた。あまりにも何度も見るので、掘ってみることにした。道具はスコップと長い棒の2つだけ。夢の中で、それだけでいいと石に言われた。数日後、新城さんの庭には無数の石群が並んでいた。新城さんが夜中に石群を掘っている時、近所の人が聞いたのは時々ゴソゴソと音がする程度、重機やクレーン車が掘り出している様子はまったくない。庭に招待されたご近所さんは、無数に並ぶ大人の背丈ほどの石群を見て、高齢の新城さんがスコップと棒だけでテコの原理を利用し、たった一人で掘り起こし庭に並べたと聞いて驚いていた。

現在石庭は、パワースポットとして有名になっている。石群の一つひとつには名前があった。「宇宙の始まり」「哲学者の石」「人類誕生の場所」「男と女が生まれた場所」など、ユニークな名前の石ばかり。石庭の一角、整った芝生の上に円形に石が並んでいる特別な場所、そこは神聖な場所らしい。ここでは靴や靴下を脱ぎ捨て、大地のエネルギーを素足で感じて歩かなければならない。「サークル」と呼ばれる場所。30分ほどゆっくりと石庭をまわり、宮古島と石垣島の旅は終わりを告げた。

大切なことを言い忘れていた。宮古島でお世話になった宿の壁に貼ってある写真に、見覚えのある顔があった。岡山の選手、大前！　この民宿をよく利用するらしく、宿の子どもたちも懐いているらしい。世間ってのは狭い、こんな場所で大前を見かけるとは。最後はサプライズで終わり、楽しい旅となった。

日本競輪学校

静岡県の人里離れた山の奥、伊豆修善寺にそれはある。一年間、競輪選手になるための訓練・修業をする場所なのである。北は北海道から南は沖縄まで、個性あふれる男たちが全国から集まってくる。

入学して最初にとまどうのが、言葉。各地の方言が理解不能、同じ九州人なら何となくは分かる。鹿児島県や沖縄県を除いては、関東も都会ならば標準語なので大丈夫。けれども、テレビや新聞でしか見聞きしたことがない「方言」、本当にあった。びっくりする。早口で話されるとまったく分からん。九州弁もおそらく同じようなもの。神奈川県の同期「H」が長崎人の部屋に遊びに来た。俺らの会話を聞いて、

「田中さんたちの会話、さっぱり分かんない。意味を教えて。うーんとね、やぐらしか、せからしか、あと何だっけ。うっちゃぐらしか。語尾に必ず〝しか〟って付くよね。動物のシカじゃないでしょう」

「H、アホか。動物のシカのわけないやろ（笑）。都会人が長崎の田舎もんば、バカにしとるんやろ！ 3つの言葉の意味は同じ。面倒くさい、わずらわしいって意味」

それから湘南ボーイのH、関東の同期に長崎県の語尾についてくる〝シカ〟の意味を得意そうに話していたらしい。

九州の方言にも違いがあり、北九州や大分は口調がキツイ、男女共に同じような口調。東京の親類が俺ら兄弟の会話を聞いて、「喧嘩してるの？」と心配していたことがある。

熊本の選手Nが関東の競輪に参加した時のエピソードがある。

宿舎の部屋に上がる前、売店でコーヒーとジュースとパンを買うことにした。数種類のパンがあり、売店の子に買いたいパンを指差して言った。

「あのパン、そのパン、このパン、その横のパン」

と言ったつもりだった。買ったパンを袋に入れて部屋に急ぎ、コーヒーを淹れて買ったパンを食べようと袋を開けた。え、全部アンパンだった。しかもパンの中に一つだけ羊羹まで混じっていた。急いで売店に戻った。

「なんで、全部アンパンなの？」

「え、Nさんがアンパンとアンパンと羊羹って言いました」

アンパンを他のパンと交換し部屋へ戻るN。売店の子とのいきさつを、部屋のみんなに話す。

「お前が言ったつもりの〝あのパン〟、九州弁であんぱんって言うたとやろ（笑）。横のパンを〝横んパン〟って言うたはず。それがアンパンと羊羹って聞こえたはず」

なおNは、「琵琶湖は日本一大きか海ばい」と言ってのけたエピソードの持ち主でもある。

宿舎にて

みんなが寝静まった、真夜中の長崎の選手の部屋。突然の大声、みんなを起こしてしまうほどの、しかも何度も部屋いっぱいに響き渡るような声。みんなびっくりして起きる。

その声をよく聞いてみると、

「トヨタ！　トヨタ！」

と叫んでいた。声の主は後輩のO。汗をびっしょりかき、苦しそうにうなされている。

「Oさん、大丈夫ですか？　苦しいですか？」

Oの身体を起こしタオルで汗を拭くA。Oはハアハアと苦しげな呼吸。少しずつ呼吸も落ち着き、

「皆さん、おはようございます」

「おはようございますじゃなかばい、まだ真夜中ばい」

「こんな真夜中に、大声でトヨタ〜って。びっくりして起きた。どうしたんね？」

「すいません、真夜中に大声を上げてしまって」

「悪か夢、見たんですか？」

「うん、夢見た。夫婦でクイズ番組に出てた。俺たち夫婦が勝ち上がって決勝戦。司会者が『最後の問題は早押しクイズ、お手元のボタンを早く押して正解した方が勝ち、それでは問題です。日本が世界に誇る産業といえば電化製品ですね。あと一つ自動車産業があります』。司会者が、自動車の〝自〟って言葉を言った瞬間に反応した。これしかない、一か八かで押した。トヨタ〜って叫んだ。正解です、の司会者の声に興奮して叫んだ。優勝賞品のハワイ旅行のチケットに興奮して飛び上がったところで目が覚めた」

何とも人騒がせな男、真夜中に大声でトヨタ〜って。その後、みんなは二度目の眠りについた。トヨタ〜事件、本人の「お願いします、ここだけの話にしてください」のリクエストも虚しく、翌日には参加選手のみんなが知っていた。長崎の選手が話したのは間違いない。こんな面白い話、黙っているのは無理に決まっている（笑）。

宿舎の面白い話、その3（マイクロチップ）

真夜中のトヨタ事件の登場人物Aの、夢か現実か分からない話。Aのニックネームは「鬼のA」。なぜ？ Aの練習は自分にも他の選手にも厳しい。徹底的に追い込んで質も量もハードな練習なのだ。アマチュアが、競輪場でAの車を見かけただけでも緊張するほど。先輩選手が気持ちの入っていない練習をやろうもんならば、

「真剣にやらないならば明日から来ないでください。全体のレベルが落ちるんで」

などと怒ることもある。この男、仕事である競輪には真剣、命を賭けている。しかし、面白くない男ではない。酒の誘いはまず断らない。女性出席なら１００％参加することは間違いない。

Aは、長崎競輪選手会が誇る〝チームハイタワー〟3人組の一人でもあった。チームハイタワーとは、単に身長が180センチを超えている3人組ってだけのこと。酒の席では、気に入った女性の横は必ずキープする。そこだけは何があっても離れない。長崎選手会忘年会の時のこと、選手Eが言った。

「田中さん、田中さんと俺らハゲ3人組の席にはコンパニオンがお酌にも来ん。ハイタワー3人組のとこばっかし行くし、今年から俺らハゲ3人組はコンパニオンの接待費は払わん! ワリカン負けしとる。これからハゲ3人組の接待費はハイタワー3人組からもらってくれ」

それを聞いたみんなは笑っている。Eに無理矢理モテない男代表、ハゲ3人組に入れられた俺。俺とお前を一緒にするな! 即、ハゲ3人組から脱退。ハゲだけど、そこそこモテたし納得いかなかったから(笑)。話を戻す。

Aは当時、快進撃を続けていた。走る度に優勝、着外はわずかしかない。二着と三着が多かった。

「近頃、成績まとめとるなあ。俺と一緒の開催の競輪も2回優勝したし。鬼の練習の成果? それとも、まさかドーピングとか? これは冗談ばい。好調の原因を教えてくれ」

「絶対笑わずに聞いてくれます?」

分かった、笑わんしと答えるとAが話し始めた。

「夜中寝ていたら、眩しいくらいの光が頭の上で光を放ってた。目を少し開いて光を眺めていたら、まあるい玉が光を放ちながら目の前で止まった。なんや、これ! 夢かなと思っていたら突然身体が動かんようになった。うわ、金縛り、身体がガッチガチに固まっている。しばらくして光の玉は、すう〜っと消えてしまってそのまま眠りについた。翌日の朝、昨日は変な夢を見たと思いながら自転車の整備をしていた。チェーンにオイルを差している時だった。あれ、何やら手の平が痛い。違和感がある。手の平がチェーンに触れると痛む。見ると、ぷっくりと盛り上がっている。触ると痛んで、何かの異物が入っとる。外から見ても傷らしきものはなかった。部屋に戻り、カッターでその部分を切ってみた。金属のかけらのようなものが出てきた。そのかけらは、キラキラと金色に光っていた。金属なんか刺さった記憶がないし、刺さったならば痛いから分かるはず。この時、前の晩の光のことを思い出した。ひょっとして、光の玉、あれってUFOじゃなかったのか。俺の身体に無理矢理、マイクロチップを埋め込んだんじゃ」

真剣な顔でUFOを語るA。笑うことなく黙って聞く俺。約束したし、笑えない。笑いそうだが耐えていた。さらにAは続けた。

「テレビのUFO特集で、重大な使命があって選ばれた人に宇宙人が身体にマイクロチップを埋め込んで、常にコンタクトできるようにすると言ってました。それ思い出して、金属を手の平から取り出してヘルメットの内側に埋め込んだんです。それからですよ、この絶好調は！」

恐るべし、マイクロチップパワー。それ以外に考えられん。普段のAは理屈っぽくて、もしも他人がUFOの話なんかをしようもんならば、絶対に鼻で笑って馬鹿にするはず。そう思っていた。意外だった。Aの出身校は、「佐世保KS」、県内ではトップレベルの進学校。その男の口から、マイクロチップを埋め込まれたという話を耳にするとは。

「笑わずに最後まで聞いてくれてありがとうございます」

「いえいえ、下を向いてたから大丈夫」

「ここだけ、2人だけの話でお願いします」

マイクロチップ埋め込まれた事件、翌日には全選手が知っていた。犯人は？ 笑わずに最後まで話を聞いてあげると約束した俺に決まっている。この話は、2人だけしか知らないのだから（笑）。

長崎競輪選手会、H軍団総長H

Hの結婚裏話。長崎が誇る最大の練習グループは、H軍団と呼ばれていた。総長のHを筆頭に、T、E、Y、S、M、それからオリンピックの銀メダリストI、総長Hの息子、ルーキーでありながらトップスターになる予感を感じるもう一人のYなど、弟子のほとんどを競輪界の最高ランクS級にまで押し上げ、自身もS級にまで上がって活躍した。大体の弟子が諫早市内に拠点を置いて、佐世保競輪場に練習に来る時には、もちろん自転車で。競輪場でたっぷりと練習した後、もちろんまた自転車で帰っていく。ひらすら長い距離を乗り込むことで有名な練習グループなのだ。

Hは、なかなかの面白エピソードの持ち主なのである。現在の奥さまと付き合って何年かが過ぎ、2人は結婚の話が進んでいた。しかし結婚には高いハードルがあった。奥様の父親だ。父親は公務員、生活も安定したお役所の仕事。娘には安定した職業の人と結ばれてほしいと思っていたそうだ。突然現れた、睨みつけるような大男（H）。しかも大男は競輪の選手だと言っている。父親のイメージとしては、競輪選手は落車するし怪我も多い、命を失うことだってある。そんな危険な仕事だというイメージしかなかった。だから結婚は認められないと、かなり反対をされていた。Hも何度となく彼女の実家へ挨拶に出向いていた。母親はいつも優しく迎えてくれるのだが、父親は何度訪れてもいつも不在だった。持ち上がった2人の結婚の話、父親の承諾なしに進めることはできない。

ある日、Hは決心する。父親が必ず自宅にいる日を母親に聞いて、こっそり2人で訪ねると父親は洗車をしている。遠くの方から自分に近づいてくるスーツ姿の大男と娘に気がつく父親。

「お父さん、待ってください。今日は話を聞いていただくまで帰りません。娘さんを私に…」

そう言いかけた時、一度は足元に置いたホースを手に持ち、Hに向かって思い切り放水し「帰れ」と言う父親。びしょ濡れになりながらもHは、

「いいえ、今日は絶対帰りません。覚悟して来てます」Hの言葉に一層興奮する父親。

「帰れ、お前みたいな馬のどこの骨か分からん男に大切に育てた娘ばやれるか、帰れ！」

相手にもされなかった。しかし、これくらいでめげるHではない。一生を決める緊張感の中でも冷静だったH。

「お父さん、先ほど、何とおっしゃいました？こんな時にお言葉を返すようですが、それを言うならば『どこの馬の骨か分からん男』では？お父さんは私に馬のどこの骨かと言

いました」

この後2人はどうなったか？　ご想像にお任せします。そして苦労を乗り越えた2人は、めでたく結ばれた。この話、H本人から聞いたので本当か嘘かは分からない。長崎の二大ホラ吹きMとHのうちの一人なのだから。話を面白くするためなら、知り合いさえ死んだことにする2人。

結婚裏話、「お前は馬のどこの骨か事件」。

ある仲間との別れ

沖縄県の選手にSという男がいた。元々山口県の選手、長崎県の選手である俺とは西日本地区の仲間なので、レースでもよく顔を合わせる。会えばひと言、ふた言話す程度の付き合いだ。Sは沖縄に移籍したため、俺と同じ九州地区仲間の「ライン」になった。俺は沖縄、特に石垣島が大好きで何度も訪れていたのでSと沖縄の話を楽しんだ。彼が沖縄に移籍した理由の一つが、素潜りのダイビングをやることだった。俺はダイビングをやったことはないが、当時素潜りの世界記録を持っていた「ジャック・マイヨール」と、彼をモデルにした映画「グラン・ブルー」は好きでＤＶＤを買ったことを話したりした。

「いろいろ知ってますね」

「ジャック・マイヨールは少年時代を唐津で暮らしとるのも知っとる（笑）」

「え、そうなんですか。知らんかった。浩仁さんもフリーダイビングやってみたら?」

「俺は無理、息も続かん。苦しそうで溺れてしまうから怖い。大会では限界超えて潜ろうとするやんか。自分の限界超えて気絶するのをテレビで見た。やっぱり俺には無理」

「そうなんですよ、一番気をつけるのがそこなんです」

相手の潜った距離が水の中で分かる。それよりも深く潜ろうとする。自分の限界を超えて相手より深く潜ろうとする。俺たちは人と競い合う選手特有の本能があるし、負けず嫌いな奴ばっかりだ。それがフリーダイビングでは命を落とすことにもなるのだ。自分の限界を知っておく、退く勇気を持つ。それがないとダイビングは続けられない。潜り終わって海面に顔を出し、シュノーケルを外しひと呼吸おいてＯＫサインを出して、I'm OKと言う。ここまで終了してやっと判定になる。海面に出る前に気を失ったり、ＯＫのサインを出せずしゃべることもできない。自分の限界を超えてしまっていることがある。

「そっか、やっぱり俺には無理。浅瀬でみんなでワイワイとシュノーケリングして、マンタや海亀と楽しく泳いでいたい」

　俺たち2人は、沖縄とフリーダイビングの話で時間も忘れて語り合った。沖縄の選手の話によれば、Sのダイビングの腕前は趣味レベルではなくプロ並で、賞金の出る大会にも出場しているらしい。本人に確かめると、

「そうなんですよ、遊びのつもりで始めたんですけどトレーニングしてると面白くなって上のレベルでやってみたくなりました」

「自転車にも乗らんといけんし、2つの競技の練習は大変やろ?」

「そうなんですよ、だからフリーダイビング一つに目標を絞ろうかと」

「え、競輪選手辞めるってこと?」

「悩んでます」

「早まらん方が良いと思う。ダイビングの賞金だけで食っていけるんね? せっかく競輪の成績が安定してきてる。あと少しで特選シードから走れる位置にいるんやし。それをすべて捨ててダイビングをやるのは家族が生活にも困るし、反対もするやろう。今の生活はできんばい」

「そこが問題なんですよ。自分一人なら決めてしまうんですけど。競輪は大好きだし、頑張っ

てランクも上げた。一度辞めたら戻ることはできないので悩んでます。ダイビングに自分の居場所を見つけた、そんな気がするんです。ダイビングで世界に挑戦できるのは今しかない。あと3年くらいがギリギリの年齢だと思ってます。一度、思いっきりフリーダイビングに賭けてみたいと思ってるんです」

いつも冗談を交えながら沖縄の話をしているSの顔とは違う。真剣に悩んでいることが分かる。競輪も、フリーダイビングもどちらも大好き。どちらか一つを選ぶことができずに悩んでいた。

そんな中、高知競輪に参加中、参加選手控え室で長崎の選手の横にいる沖縄の選手がざわついていた。何があったのかと聞くと、Sがダイビングのトレーニングに朝早くで出かけたまま午後になっても帰ってこないらしい。心配した家族から所属する支部に連絡があった。家族は思い当たるトレーニングポイントを探してみたが、見つからない。普段Sと付き合いのある選手が参加している高知競輪場に連絡が入る。Sが行きそうなダイビングポイントを知らないか、聞いてほしいとの連絡だった。みんな心配していた。沖縄の選手は知っている限りのSが行きそうなポイントを教えていた。そして、悲しい知らせが届く。家族が本人の車を発見した。普段はあまり行かないポイント。ダイバー仲間と捜して見つけた。車にSの姿はなかった。数日後、Sは遺体となって海の上で見つかった。

フリーダイビングのトレーニングは基本的に2人で行う。1人が潜っている時、1人は安全確認などのケアをする。この日のSはなぜか1人で、その日の海は台風が接近し九州は暴風域だった。そんな日になぜ？

Sは時間が惜しく、焦っていたのでは。競輪もフリーダイビングもどちらも大好きなSの真剣な顔が浮かぶ。仕事である競輪にも常に死の危険がつきまとう。みんな覚悟して入っている。顔見知りの何人かの選手も命を落とした。その度にやりきれない。Sは競輪ではなくフリーダイビングで命を落とした。だけどSは幸せだったと思いたい。心より、ご冥福をお祈りします。


最近こんなニュースを耳にした。カヌー競技の選手が同じチームの後輩選手のドリンクの中に、故意に禁止薬物を混入させた。その自分の行為をカヌー連盟にすべて白状した。当然、被害者選手は陽性反応が検出され、カヌー連盟から無期限の試合出場停止を受けた。当然、東京オリンピックの出場資格を奪われるなどの厳しい処分が下されていた。被害者の選手はオリンピック選考レースでは常にトップの成績を残しており、オリンピック出場も間違いない有望選手だった。禁止薬物を混入させた選手のことを兄のように慕っており、陽性反応が検出され処分を受けた時も一番に相談していたそうだ。まったく心当たりがないと会見で話す後輩の姿に良心が痛んだのだろう。自分が故意に薬物を混入させたこと、オリンピック選考ではギリギリの位置にいる。もしも代表入りが確実な後輩が落選すれば、自分にもチャンスがある。年齢的には最後のオリンピックということもあり、しかも自分の地元の東京で開催される。なんとしても出場したかったことなどを白状した。

「本当に申し訳ありません」と謝罪した。加害者の告白により、処分を解かれた被害者の会見で、

「今でも信じられない、悲しいです」

「可愛がってもらったし、尊敬していました」

ショックを隠せない会見であった。胸が痛んだ。考えてみた。仲間のドリンクに故意に禁止薬物を混入するという行為、競輪の世界でこんな事件が起こるだろうか？ こんな事件は起こらない、起こるはずがない、そう思う。その一番の理由は、常に死と向き合って同じ時間を共有している仲間だから、敵と味方であっても仲間に変わりない。まして同じチーム「ライン」を組み、共に戦う仲間を卑怯な行為で貶めても代表の座を手に入れたい、

そんな発想がありえないのだ。

競輪の世界では、敵と戦う前に味方と作戦会議をする。すべての思いを曝け出し、お互いを必ず確かめ合うこと。選手それぞれのやる気と覚悟なのだ。逃げる選手ならば、何がなんでも絶対に逃げる。敵の逃げ選手に主導権は絶対に渡さないという覚悟。逃げ選手の後ろのマーク選手（逃げる選手を追走する選手）のやる気と覚悟を互いに確かめ合う。「味方」の逃げ選手が戦う前から敵に対し戦意を失くしている。練習してないので自信がない、二日酔いで体調が悪いなど、負けた場合の言い訳を探す。マーク選手は今、ペナルティの違反点がいっぱいいっぱいなので激しい動きで逃げ選手の援護はできないなど、弱気な発言が出てしまう。そんな時、仲間はやる気をなくしてしまうのだ。

早朝から家を出て、家族にも協力してもらい仲間と競いながら陽が沈むまで、うんざりするほど自転車に乗る。ひょっとしたら今、このレースが最後のレースになるかもしれない、命を落としてしまうかもしれない。そんな場面を一緒に戦う仲間を選ぶ作業の時に互いの心の奥にある思い、こいつとなら運悪く命を落とすことがあっても仕方がない。これが人生最後のレースであっても悔やまない。そう思えるかどうか、互いの気持ちを確かめる時、嘘でもいい、必ず逃げるからゴールまでもつかどうかは分からない。けれども絶対に敵には主導権を渡さないから、マーク選手ならばお前の後は死んでも援護する。敵には絶対にまくらせない。必ずブロックして止めてやるから！　失格しても自分の仕事はやる。このひと言を、みんな待っている。それで気持ちは決まり、一つになって戦える。

話は戻るが、仲間を貶めても自分がオリンピックの代表選手になる。そんなことが競輪の世界では起こらない理由が、命を落とすかもしれない運命までも共有する仲間との絆は本物なのか、人生最後のレースになっても悔いを残さない絆であったか、卑怯者のレッテルを残したままで人生を終われるのか、そんな最期は絶対に嫌だと言い切れる絆で結ばれているからなのだ。

地元戦、本気になる場所

競輪選手にとって、地元のレースは特別な意味がある。自分が所属する県にある競輪場が、地元なのだ。長崎の選手なら地元は「佐世保」、佐賀なら「武雄」、岡山ならば「玉野」、自分が所属し毎日汗を流す競輪場が地元なのである。地元戦は特別な場所、他の競輪場よりもたっぷりと乗り込んで万全な状態で臨む。どこよりも気合いを入れる。点数が下位の選手でも、「地元は3割り増し」と言われている。地元は自分の庭なので、みっともないレースは見せられない。ファンの思いを無駄にはしない。魂を込めて走っている。

地元ラインの逃げ選手の後ろを奪おうとする、「ちょっかいを出す」行為は、それ以降のレースでの相当なリスクとお返しを覚悟しなければならない。地元戦には時間をかけて備えているから、簡単に負けるわけにいかないのである。

地元戦、忘れられない思い出

岡山県にYさんという先輩がいた。面倒見が良く、自転車の練習メニューを研究していてスランプになると的確なアドバイスを返してくれる教え上手な先輩で、敵・味方関係なく可愛がってくれ、誰からも愛されていた。

その当時の俺は、3年間と決めて一番強い逃げ選手の後位を競ってでも奪うレースをすると決めていた。それからは同じ戦法の追い込み選手とは口もきかない、仲良くしないと決めていた。例え相手の地元であってもちょっかいを出す、競りに行く、当然嫌われる。それでもいいと思っていた。落車や失格のリスクも多くなり、怪我や骨折は日常茶飯事。

香川県、観音寺競輪初日に落車した。自転車のフレームがポッキリと折れてしまったのだ。幸運にも怪我はしていない。他の自転車は持ってこなかったので困った。同じ開催には岡山のYさんもいた。

「どうしたん？」

「自転車折れとる」

「他の自転車はないんか？」

「はい、新車なんでこれだけです」

「ちょっと待っとれ、地元の選手に余ってる自転車ないか聞いてくる。欠場するとか言うなよ。走って帰りたいんやろ？」

「はい、走って帰りたいです」

しばらくすると、ちょうどサイズが合った自転車を持ってきてくれた。

「これに乗ってみろ。誰も乗ってないけん、要らんらしい。落車して壊れても気にせんでええって言うてくれた」

助かった、ホッとした。最終日まで走って帰れる。最終のレースが終了し、ほとんどの選手は宿舎へ帰った。Yさんは一人、検車場に残っている。俺が借りた自転車のセッティングや微調整などで最後まで付き合ってくれた。この日のことは今でも忘れない。

それから2ヵ月後、岡山県玉野競輪の参加通知が届いた。記者のインタビューを受け、明日のレースは本格先行選手は地元のI選手だけだということを聞く。

「そうですか、迷うことなくI選手の後ろで勝負します」と答えると、

「田中さん、Iさんの後ろには同じく地元のYさんがいます」

え！メンバーを確かめると、Yさんがいる！2ヵ月前にあんなにお世話になった。一人だけの本格先行選手Iと同じレース、しかも地元岡山同士の深い絆のライン。いわゆる地元番組のレース。一人しか逃げ選手がいない、そんな時には迷わず後位を奪いに行く。地元選手であっても関係ない。そんな気持ちで走っていたが、迷った。心を鬼にして競りに行くのか、コメントを迷っていた。

そんな時、Yさんがニコニコと笑顔で話しかけてきた。

「明日一緒やな。よろしくな」

そう言った後、周りの記者には聞こえないように耳元で、

「お前は自分らしいレースしろ。ファンは一人だけの先行Iの後ろでお前が勝負すると思っとる。お前の車券を買っとるファンがおる。俺のことは気にせんでええ。地元同士じゃか

らとか、いらん気をつかうな。お互い力を出し切ろうや。恨みっこなし、私生活の付き合いと勝負は別」

俺の肩をポンと叩き、去っていった。なんというか、格好良かった。感動していた。俺の心は決まった。言われたとおり恨みっこなしで勝負するのか? そんな気にはなれなかった。

『一番車なのでスタートを取る。一人しかいない逃げ選手の後ろで勝負。地元のYさんには悪いですが、俺のファンもいるし勝負します』俺のファンならこのコメントに「?・」となるはず。

田中ってスタート取ったこともないのに、スタート取って一番前って、IがYを連れて一気にかます(逃げる)。前にいる田中は飛びつけず後方に置いていかれる、そんな推理をするはずだ。Iは俺がYさんには飛びつけないようなスピードで一気に逃げることくらい、俺もファンも分かっている。お金を賭けるファンはバカじゃない。それくらい見抜けないでどうする。

レースは思ったとおり、前で待つ俺が飛びつけず一気に逃げた地元選手2人が一着と二着だった。後方に置いていかれた俺は七着、レース終了後退場門に帰ってきた。負けたのに俺は悔しくもない。勝負もしないで負けたのに、それよりも清々しかった。こんな気持ちで退場門に帰ってきたことは一度もない。こんなレースもあっていい。俺はYさんの言葉を思い出していた。

「お前は自分らしいレースをしろ」

「私生活の付き合いと勝負は別」

ずっと胸に響いていた。格好良かったなあ。思い出のレース地元戦、忘れない。

番手はどのようにして決まるのか

競輪において最も勝利に近い場所、レースで一番近い逃げ選手の後ろ「番手」、この位置にいればゴールまで連れていってくれる。誰もが番手がほしい。では、一番勝利に近い番手はどうやって決まるのか。同県の逃げ選手の後ろは同じ県の追い込み選手、九州の逃げ選手の後ろは九州の選手。関東のレースではラインを広げて西日本の選手、中国・四国の選手とラインを組むことがある。これは理屈であって、そう簡単にはいかない。

一番強い逃げ選手の後位が同県であったとしても、持ち点が低く他の九州の選手より下のランクならば他の選手が納得しない。自分が番手をまわると主張する。それほどに番手をまわれるかどうかは重要なのだ。番手をすんなりとまわる一番大切な条件、それは普段の戦い方にある。ポリシーがあるのか、自分より強い選手には一歩引いて、弱い選手に対しては強気、人を見て戦い方を変えていないか、何よりも仲間である九州の選手が認めているかどうか。レースに味方の逃げ選手が一人もいない場合、九州の仲間のために落車や失格のリスクを覚悟して逃げ選手の後ろを奪いに行く、そんな戦い方をしているか。それが番手をまわる資格であり、敵にも味方にも舐められていない、これで番手は決まる。

熊本弁の「腰がにゃあ（勇気がない）」、博多弁の「イモを引く（引き下がる）」。いずれもビビって逃げ出した選手をバカにしてる言葉。この言葉を言わせない、そう思って戦っていた。関係ないが「ガチ」という言葉は、ケチという意味。握り拳をつくってガチと表現する。一度握ったものは絶対に離さない。この言葉も九州人はへコむ。平気なやつもいるが（笑）。会計の時に必ずトイレに行く「ガチ」、ロード練習のジュースタイムに小銭を用意していなく一万円を出す確信犯「ガチ」、ガチにはもう一つの共通する顔がある。賭けをして自分が勝つとキッチリ回収、負けると払いが悪い、出世払いが決め文句。出世などしそうもないのに、これは立派なガチなのである。

日本全国を巡る競輪選手、ちょっとした旅行気分になる時がある。土地の美味しい食べ物、初めて見る景色、そんな中でも富山競輪場食堂の「タラ汁」は絶品だ。あと一つ、竹の笹の皮で包んだ「マス鮨」、これも美味しかった。さて、俺のエピソードを一つ。レースが終わり長崎空港へ到着した。空港がザワザワと騒がしかった。当時、「○○○真理教」が事件を起こし、幹部の一人が長崎に潜伏しているらしいとの情報が拡散されていた。どおりで重い空気が漂っている。背広姿の目つきの鋭い男たち、俺がセキュリティを通り抜けた瞬間、

「すいません、ちょっとよろしいですか?」

空港内の別室へ連れていかれた。

「何事ですか? 法に触れるようなことはしてません」

「申し訳ありません、二、三質問させていただけます?」

「大丈夫ですよ、外で仲間が待っているので手短に」

「免許証など、身分を証明するものをお持ちですか。よければ、長崎に来た理由も」

競輪選手手張を見せた。

「え、競輪選手だったんですね、仕事の帰りですか」

「はい、関空から長崎に帰ってきました」

「分かりました。時間を取らせてすみません」

「事件があったんですか？」

「◯◯◯の幹部が長崎に潜伏しているらしい、そんな情報がありまして」

「なるほど！」ここにいる連中、坊主・ヒゲ・ハゲばかりですね。どおりで（笑）。

外で待つ仲間にいきさつを話した（大爆笑）。

「5人もいる目つきの悪い選手の中で、田中さん一人職質って（笑）。今日から競輪会の◯◯って呼びます」

1ヵ月もせずに、◯◯◯事件は他県の選手にも知れ渡った。みんなが話しかけてくる第一声は、

「空港で◯◯◯に間違われたらしかですね」

1日で10人くらいの選手に同じことを言われた。

矢沢と呼ばれた男

一人の男がいた。生まれは広島、名はK。でっかい身体、おっかない顔、心は見かけと大違い、とてつもなく優しい。矢沢永吉を愛するが故に独り身を貫く男、ニックネームは「矢沢B吉」。

仕事の帰り、新幹線の車内にて。ゴールデンウィークのど真ん中、すべて満席、通路には人があふれていた。広島へ帰省の男2人、席を回転させゆっくりと足を伸ばして座っていた。誰か乗車してきたら席を戻すのがルール。しばらくすると、中年の男女が乗車してきた。席を戻して2人は隣り合わせに座る。仕事からも解放され、気持ちもほぐれてビールで乾杯。バカ話で時間が過ぎていく。競輪の話題になった。ただでさえ怖い顔、迫力ある広島弁でお酒も入っている。2人の声のボリュームも上がっていく。

「ワシがのう、逃げちゃる」とK。

「ちゃんと仕事せえよ。ズッポリ交わしちゃっまらんで（三着までに残すぐらいに交わせよ）。ワシを残さにゃ、ただじゃおかんけえ、覚悟せえよ」

迫力ある男2人、しかも広島弁で「さす」（逃げている選手を交わすこと）とか「さされる」

(逃げている選手が交わされること)とか「逃げる」「逃げ切る」などの聞いたこともない競輪用語。さぞかし驚いたに違いない。隣の2人の男女は怖かったはず。乗車して最初は会話を交わしていたが、いつの間にか寝たふりをしていた。関わりたくない、とんでもない座席になった、そう思ったはず。ほどなくして席を立つ2人、トイレかなと思っていたが2人は二度と戻ってこなかった。男女2人、ゴールデンウィークど真ん中、通路にあふれる乗客、せっかく取れた指定席、おそらく下車まで通路に立ちっぱなし、ぐらんぐらんと新幹線に揺られながら、身体のあちこちをカチンコチンにしながらじっと耐えていたのだろう。

長崎の後輩、貝賀良太郎

選手であり長崎の中心地築町、そこで鮮魚店を営む3代目・貝賀良太郎。別名、空耳大王。自慢は当時競輪界のトップスター・内林に競り勝って、万車券の大穴を出したこと。もう一つが、長崎一の繁華街に自分の持ち物で鮮魚店を営んでいること。選手を引退後も良太郎とは付き合いがあり、現役時代の空耳のあるエピソードの話。

俺と良太郎は、香川県観音寺競輪の配分が来ていた。切符の手配は後輩の役目、観音寺競輪参加まで1週間を切っていた。切符の予約をしているのか心配になってきた。なんといっても空耳大王の良太郎なのだ。朝の練習、競輪場で良太郎と会ったので切符のことを聞いた。

「良太郎、観音寺の切符はどうなった？ ちゃんと予約した？」

聞こえているのかいないのか、反応がない。もう一度大きな声で、

「観音寺の切符、予約した？」

聞こえたらしい、汗を拭きながらこちらを向いて、

「なんすか？ なんか言うたですか？」

「観音寺の切符、予約はしたんか？」

「え、バンジージャンプっすか？」

話の前後の流れからして、バンジージャンプには無理がある。発音だけなら似てないこともないが、「カンノンジ」「バンジージャンプ」うーん、やっぱり無理がある。とにかく、切符の予約だけはちゃんとしていたので観音寺までは行くことができた。

空耳大王、その2

競輪場の宿舎にて、宿舎の部屋のテレビでアニメを見ていた良太郎。

「20時からプロ野球好プレー、珍プレーを見せてくれ」と俺。「チャンネル変えるぞ」

「え、え、なんすか？ 高知で地区プロがあるんすか」
※地区プロとは、競輪選手が年に一度地区ごとに集まり、自転車競技を競う大会。
空耳大王登場！

「お前、本当にそんな風に聞こえとるの？」

好プレー、珍プレーが高知で地区プロに、なるわけがない（笑）。ここまでの空耳ならば、一つの芸術でもあると思った。

競輪は人生ドラマ

ある先輩の話。競輪界の最上位のランクS級一班に、手が届くところまで来ていた。そんな時、肝臓の病にかかり3年の入院を余儀なくされた。休業に追い込まれ、復帰後にはすでに30代の半ば、競輪界の最下層B級二班に転落していた。一番下のクラスからの再スタート。「伊藤公人」は終わった。3年間もの間、自転車から離れてしまった。厳しい勝負の世界で勝てるわけがない。すでに30代半ば、終わったな。そんな声が聞こえてきた。

しかし、伊藤先輩は諦めていなかった。俺は一番上のクラスにもう少しという経験も、一番下のクラスに落ちる経験もしている。残っているのはクビになるだけ。けれども、走れない時に思った。俺、競輪が好きだったんだなって。退院して3年ぶりに走った復帰戦。入院中にお世話になった人、仲良くなった人、みんな応援に来ていた。

「伊藤さん、無理しないで。でも諦めないで頑張って」

嬉しくて涙で前が見えない。ここから伊藤公人のドラマが始まった。一番下のクラスB級を連勝、A級へ特別昇級（当時B級からA級へは三場所連続優勝、あるいは9連勝、S級へはA級で9連勝すれば昇級できるというルールがあった）。A級でも連勝を重ねて再び最上位のＳ級の舞台に帰ってきた。病気をする前にはあと一歩届かなかったＳ級一班に這い上がり、トップレーサーが集まる日本選手権競輪、ここで勝ち上がった９人で走る「ゴールデンレーサー賞」。その９人の中に伊藤先輩もいた。その頃、逃げの決まり手はほとんどなく、追い込みに戦法をチェンジしつつあった稲村選手。今日は思い切って逃げるとコメントしていた。コメントを聞いた伊藤先輩、

「そっか、奴が逃げるって言ったのか。心意気が嬉しいじゃねえか」

稲村の後ろとコメントした。稲村選手の魂のこもった逃げに乗った伊藤先輩。なんと、ゴールデンレーサー賞を獲った。病に倒れ、３年もの休場、最下層のＢ級二班まで落ちた30半ばの男。最上位Ｓ級一班にまで駆け上がった。トップスター選手を退け、ゴールデンレーサー賞を手にした。まるでドラマである。一人の男のドラマを見た。

諦めないこと、気持ちを強く持つことの大切さ。あの日、伊藤公人という男は俺のヒーローだった。数年前、佐世保競輪に参加した伊藤先輩、同期の三上がいたので空港に迎えに行った。車中のこと、

「お前、俺と同じ自転車オーダーしてるんだろ。三上から聞いたよ。俺が乗ってない自転車やるよ」

以前、同期の三上を通じて乗ってない自転車があったらぜひ譲ってほしいとお願いした時に、

「今は持ってない。そんなことより、自転車に命を預けてるんだろ。商売道具だよな、汗水流して働いた賞金で買わなきゃ」

と言われ、ハッとした。そのとおりだと思った。そう言っていたのに、先輩がくれた自転車は乗らずに大切にしまってある。

若い頃出会った時には、近寄りがたく話せなかった。空港から佐世保までの会話を今も思い出す。同期の恋塚がペナルティの特別訓練で伊藤先輩と同じ部屋になり、とても良くしてくれて帰りは駅まで送ってくれたそうだ。情の深い人だと言っていた。病気からの復帰後に、月刊競輪特集「鉄人伊藤公人」のインタビュー記事があった。

『病気する前の若い頃、どんなに練習してもあと少しで最高のランクS級一班には手が届かなかった。それが、長く入院して歳を取り、半分は諦めていた。なのに、S級一班になれた。分からねえな、競輪ってのは。走れない時に思ったんだよ。あの頃も命を賭けてたつもりだったけど、まだまだ甘かった。なんで、あの時もっとやらなかった。考える時間だけはたっぷりある。ゆっくり競輪を見たんだよ。その時、思った。なんでこんな奴に遠

慮してんだろう、くだらないところまわってるんだろうって。もし今度走れるようになったら、全レース番手勝負する。もしそれでダメだったら、競輪選手を辞める。あの時、ああすれば良かったと思いながら生きるのはやめようってね』

鉄人・伊藤先輩、ありがとうございました。どうぞ、安らかにお眠りください。長崎のファン、田中浩仁。

長崎競輪選手会・毒舌男

長崎競輪選手会には九州を、いや、西日本を代表する毒舌男が2人いる。俺と同い年のKと、先輩のTさん。競輪に参加した時の2人の会話、その日は大雨だった。

「雨がひどか、ゴーグル家に忘れてきた。雨で前が見えんやろな。おいK、お前俺より先に走るんやろ？ 走り終わったらゴーグル貸してくれ。買うとはもったいなか」

「よかですよ」

「ゴーグル見せてくれ。あ、こりゃダメ、俺には合わん。お前のデカイ頭専用ゴーグルやな（笑）。騎手がレースで使うワイドタイプのゴーグル、俺にはデカイ。しょうがなか、買おうかな」

「Tさん、ゴーグルは高額やし、ちゃんと選ばんとね。Tさんの凹凸のない、のっぺり顔。誰が見ても分かる彫りの浅さ。立派なアジア系。横から見ないと分からない鼻、耳はまるで貝柱。目はとりあえず小さな穴が2つ。この顔のどこにゴーグル引っ掛けるんですか？分かった、アロンアルファ！　その彫りの浅い顔のどこかに無理矢理ふっつける（くっつける）とでしょ（笑）」

「くらすぞ（ぶっ飛ばすぞ）、面白いけん許す（笑）」

先輩であろうが誰であろうが毒を吐くK。この日からKは少しばかり彫りの浅いTさんを、こう呼んでいた。ズル〜、ベタ〜、ヌ〜のTさんと。その意味は、ずるっとしてベタっとしてぬっぺりとした顔。それくらいに、メリハリのない締まらないどうでもいい顔なんだとか。

俺らは先輩に対してこんな毒は吐けないし、吐いたらおそらく殴られる。Kだけは笑って許してもらえるのが、不思議なのだ。

毒舌男・その2

長崎競輪選手会の合宿訓練にて、佐世保九十九島観光ホテル、合宿訓練の宿でのことだった。目の前に広がる海、眺めの良い宿。この日は合宿訓練の最終日で打ち上げがあった。疲れた身体と心を労い、とことん飲んだ。酔っ払って裸で寝てる奴、顔に油性マジックで目玉や眉毛をイタズラ書きされてる奴、とどまることを知らない楽しい酒だった。お開きの時間になり、毒舌Kが風呂に行こうという。近くで飲んでいた5人で風呂へ。5人の中に俺やKよりも一つ年上のM、ニックネーム「ノリちゃん」がいた。ノリちゃんはすぐムキになるので、いつもKのターゲットにされていた。ノリちゃんがひと言しゃべる、すかさずKが揚げ足を取ってからかう。Kを大の苦手にしてたノリちゃん。

Kと練習時間がかぶらない、顔を合わせない時間を狙って外は真っ暗な冬の早朝に、一人競輪場で練習したりしていた。2人はめったに顔を合わせることもなく、たまに鉢合わせした時のノリちゃんは、散歩中に土佐犬に会ってしまったチワワ、そんな様子だ。たっぷりと飲み、できあがった俺ら5人はエレベーターに乗り風呂へ向かう。エレベーターの中には他にサラリーマン風の男性も数人乗っている。酔っ払いのボリュームの高い会話は迷惑だったはず。エレベーターの中でKが、ノリちゃんをいじり始めた。

「ノリちゃん、あんたの口元臭い」

「あ、ニンニク食った。それやろ」

「うんにゃ、そがん生やさしい匂いじゃなか。エレベーターの中が気分悪うなるぐらいの匂い。ちょっと口元ばかずませて（匂いをかがせて）」

クンクンと口元を嗅ぎ始めた。

「分かった、ニンニクじゃなか。ノリちゃんの中に犬のおる（がいる）。ノリちゃんは口の中に犬ば飼っとる。間違いなか」

何を言い出すんかと思ったら。エレベーターの中のサラリーマンも笑ってる。ノリちゃん、さすがに怒った。

「後輩のくせに何ば言いよる」

「後輩？　デビューは俺が先ばい。この世界は、一日でも先に入った方が先輩。あんたは今日から俺をKさんってさん付けで呼びなさい。たった一歳くらい年上って関係なか。俺が生まれた時にあんたは一歳、それだけのこと」

一同爆笑。ひと言も返さないノリちゃん。返すと十倍になって返ってくるので諦めた様子。この日の毒舌は、いつにも増して全開なのであった。

ドーピングの話

佐世保駅近くのホテルの会議場で、ドーピング問題に関するセミナーがあった。日本自転車振興会の職員が、全国の競輪場の支部を周り、禁止薬物に関する知識と身体に与えるダメージなどを伝える3時間ほどのセミナーだった。競輪がオリンピック種目になり、選手もドーピングには関心を持ち始めていた。禁止薬物のリストや身体に残るダメージ、その説明が終了し質疑応答が始まった。

「記念競輪において、レース後抜き打ち検査があり数名の選手に陽性反応があったとか。陽性反応が出た主力の選手数名は、体調不良を理由に突然の欠場。これってどこまでが事実なんですか?」

「そのような情報を聞いてはいません」

「しかし、残念ながら数名の選手の陽性反応が報告されています。特別競輪のトップレベルの選手が含まれていると聞いてますが」

「それが事実なら厳しいペナルティが必要です」

「他の競技でオリンピック種目であったなら、陽性反応が出た選手の実名公開、出場資格を永久に奪われるなどの厳しいペナルティがある。この2つは絶対にやるべきです」

「実名の公開については、現在は調査中のことでもあり、なおかつプライバシー保護の問題でもあり、現在のところ実名公開は控えております。しかし、該当する選手に対しては厳しいペナルティを課すことも考えています」

「トップ選手の禁止薬物使用の噂は以前からありました。薬物の使用現場を目撃した選手、練習仲間から禁止薬物をすすめられた、などの信頼できる話も少なくない。なのに、それらの選手に対し厳しいペナルティを与えた事実は聞いたことがない。これって、集客と売り上げの大幅なダウンにトップスター不在のマイナスの影響を考え、見て見ぬふりをしていると言われています。実際には、トップではないA級選手に対しての禁止薬物使用のペナルティなどは数ヵ月の配分停止などの処置も耳にしている。もしそれが事実なら、不公平ですよね」

今後トップ選手の実名を公表すべき、それはできないとの応答が繰り返されていた。

「さて、時間になりましたので最後に質問はございませんか?」

真剣な議論が繰り返され張り詰めた空気の中、先ほどから俺の隣でモゾモゾと落ち着かない様子のKさん、

「田中さん、お願いがあるとさ(あるんです)。最後に一つ質問してください。どうしても知りたか」

「何ば知りたかとね? 自分で聞けばいいやんか」

「ドーピングで陽性になった選手がいるというお話ですが、その陽性ってひょっとしてグリム童話などに登場する可愛らしい妖精のことですか? ってお願いします、聞いてください!」

「う〜ん、なかなかに的を得たタイムリーな質問!って、そんなワケないやろ! 聞けるか! くだらないにも程がある。みんな愛する競輪を守りたくて真剣に議論してる、その空気の中で聞けません! 俺の人格疑われるし、そもそも大人のする質問じゃないし、どうしても知りたいのなら自分で聞けば」

「そうですか、ダメですか。いい質問って思うたとに。みんなギスギスしてるし、笑えば和むかもと思って」

その気持ちは分かる。それにしてもくだらない、しかも自分の手は汚さずに他人に質問をさせようとするKさん。とにかく、ようやくこの日のドーピングに関するセミナーは終わったのだった。

長崎競輪選手会、隠し芸

ひと言で言って、長崎と佐賀の選手にとっての一大イベントは裸踊り以外の何者でもない。選手仲間の結婚式と一年の締めくくり忘年会は、2ヵ月ほどかけて入念な準備をする。その代表的な隠し芸が「人間龍踊り（じゃおどり）」と「支那の夜」。どちらも全員が全裸、下半身はパンスト一枚、新人はそれさえ許されていない。当然強制参加、ベテランも宴会部長なら必ず参加する。近頃では新婦のご家族御親類、式場からも祝いの席なのに下品で笑えないとのクレームもたまにあり、隠し芸禁止の結婚式も多いと聞く。俺が若い頃は新郎新婦のご家族や親類、式場スタッフはみんな涙を流して笑って喜んでくれていた。仲間の結婚式に、なくてはならないものだった。新婦のご家族からもぜひ裸踊りをと頼まれることもあった。イベントにおける裸踊りは有名だったのだ。

若い頃の全裸は恥ずかしく、式場で出会う新婦さんの友人やご家族の若い女性の近くを通るたびに、下半身が気になって仕方なかった。式場で見かけたタイプの女性の近くを歩く時はなおさら、絶対に二次会に誘ってやると張り切る純情な頃もあった。それからしばらくして裸踊りにも慣れ、イベントでの全裸も楽しみになった。強制参加ではなく、すすんで参加していた。

長崎の裸踊りといえば、「支那の夜」。上半身はもちろん裸、下半身もスケスケのパンストだけ。股間にビールの空き瓶を挟み、瓶の口に長いスプーンを入れる。8人で隊列を組み、ゆっくりと流れる支那の夜の曲調に合わせてゆったりと行進していく。その光景は、村の盆踊りを思い出す。曲に合わせて左右の腕をシャキッと上げたり下ろしたりしながら、のんびりとみんなのまわりを練り歩いていく。歩くたびにビール瓶の中のスプーンは一斉にシャン、シャン、シャンと鳴り出す。イカツイ全裸の男たち、股間にビール瓶、歩くたびに鳴り響くスプーンの音色。アホらしいけど音色に酔ってしまう。少しの時間をおいて、会場の皆さん大笑い。たまに近くの人からおひねりをいただいたりもする。楽しくて嬉しかった思い出。それが長崎名物裸踊り、「支那の夜」なのだ。そういえば、式場には必ず先輩のアナウンスが流れていた。

「踊り子さんは何も着ていません。危険ですので皆さま、決して手を触れないようにお願いします。しかし、おひねりは踊り子さんも喜びます。ご家庭の事情もあるでしょうが、皆さまのお気持ち、首を長くしてお待ちしております」

締めのスピーチ担当の先輩は、見た目は長渕剛を縮めて老けさせ、さらに貧相にしたようなKさん。あるいは、そのお顔だけ拝見したならばゆうに2メートルはありそうな、実際に立たせてみると170センチには遠く及ばない、競輪選手にしては物足りなさを感じずにはいられないバレリーナのような、か細い下半身の持ち主・W先輩のお役目なのだった。

引退後の生活 バカ話

現役の終わりが近づいてきた頃の選手は、ジョークレベルでたまに真剣に将来のことについて話をする。子どもの頃の俺は、ヒーラーだった祖母の姿を見て育った。人の苦しみを楽しみに変えて感謝されている。大人になったらヒーラーになりたいと思っていた。リタイア後、どうする？

「田中さん、引退したら何する？」

「考えとらんよ。現役中に準備しすぎても練習に身が入らんし、選手寿命も短くなる。これだって思う仕事があれば別やけど。その時に考えればいいと思ってる」

「絶対に儲かる商売のあるばい（があるよ）」

「間違いない」

「本当？ 教えて」

「中国人にプラモデルば売る。絶対売れる。中国ってたいして娯楽もなかし、プラモデルさえ知らんやろう」

「だけんね、複雑で細かい作業の組み立て式は無理」

流行らない、だけん表と裏だけのプラモデル、接着剤でふっつける（くっつける）だけ、簡単やろ？ 中国人はガンダムとかスターウォーズとか知るはずなか。それよりも中国人なら誰でも知っとる〝パンダ〟と〝毛沢東〟の2つだけのプラモデル。絶対に売れるばい。10億人も人がおる国やし、1万個ぐらい3日で売れる。中国は人件費も安いから大量生産する。コストもかからん、田中さん中国に行こう、中国人にプラモデル売って大金持ち！」

「Kさん、話の流れは分かった。だけど、地元の中国人を働かせて安い人件費？　それなら売るのも、もちろん中国人が買える値段なんよね？　それってたいして儲けにはならんばい（笑）。貨幣価値も日本の何十分の一ぐらいやろ」

「そっか、じゃやめときましょう」

Kさんらしい話、最初っから本気で聞いてはいなかった（笑）。

ヒーラー・祖母の話

俺の現在の仕事、「整体師」になったきっかけは祖母だった。「河村リヲ」、母方の祖母である。気が強く正義感が強く、情の深い人。祖母の父親は剣の指南役、合戦で失神した武士を「活法」の術で蘇生させる。病気の人を助けたりもしていた。祖母は子どもの頃に目にしていた術と自分の指圧の技を組み合わせて、家族や身近な人の病を治していた。俺が子どもの頃、祖母の行き先についていくことが多かった。訪ねた家族が祖母の姿を見つけると、

「河村先生が来たよ」

と言って、玄関まで出迎えてくれた。行く先々で歓迎された。長い病院通いで一向に改善せず、諦めていた人が元気を取り戻したりもして喜んでいた。子どもの頃目にしていた祖母の技とは、その人の硬くなってしまった場所、主に背中をとことん柔らかくすること。身体に溜まっている毒を溶かし浄化させると言っていた。身体の毒の正体は、飲み続けてきた薬だという。その毒を溶かす、硬くなった身体を柔らかくしてあげて、身体の外に毒を出す。たいていの病気はこれで治るとも言っていた。俺の家族も祖母を真似ながら家族の身体の毒を外に出し合っていたが、祖母には敵わない。祖母の手のひらは温かく、ふっくらとして柔らかい。人を楽にしてあげるために生まれた、天性のヒーラーのようだった。

先日、母が週2日通う介護のデイケアでこんな会話を耳にした。かなり昔、おばあちゃんが心臓を悪くして病院に通ったが、まったく良くならない。知人から不思議な人がいると聞いて、連絡先を教えてもらった。自宅に呼び、祖母の身体の施術をやってもらった。しばらく通い、それからの祖母は表情も明るくなって元気を取り戻し、病院通いを止めた。こんな話の内容だったらしい。

母は、この不思議な人って、ひょっとしたら自分の母親のことかもと思った。会話をしていた本人は、以前中川町に住んでいたらしかった。母の記憶で当時の祖母は中川町に浄化に行ってくると言っていた。会話の本人が子どもの頃目にした「河村リヲ」の技。背骨のあたりを無心にほぐしていたそうだ。母から話を聞いた俺は、祖母に間違いないと思った。整体の基本も、背骨の弾力を戻すことが自律神経の安定を呼び、健康を取り戻す。整体の技と河村リヲの浄化の技が時を超えて、不思議な縁でつながっていく。祖母を懐かしく思い出していた。祖母との忘れられない思い出がある。

当時の祖母は、自分の娘であり俺の母親でもある田中家の家族と住んでいた。ある日、祖母と俺は近所のスーパーに買い物へ出かけた。店内がざわついている。小走りに急ぐスタッフ、大きな声を出すスタッフ。

「誰か、その人捕まえて！」

そう叫んでいた。万引きらしかった。逃げる男性はスーパーを飛び出して、近くの中学校の方へ逃げていく。追いかけるスタッフ、俺と祖母も中学校へ。俺ら兄弟３人の母校でもあった。急な坂で登るのがキツく、地獄坂と呼ばれていた坂をどうにか登り中学校のグラウンドに着くと、逃げた男性は数人のスタッフに囲まれている。両手で顔を隠し、今にも泣き出しそうだった。グラウンドには野次馬などたくさんの人が集まってきていた。

その一人の高齢な男性が怒鳴っていた。

「おいお前か、万引き犯は！　逃げられんぞ、警察ば呼ぶ、じっとしとけ」

後で知ったのだが、この男性は元警察官、当時は地区の民生委員だった。逃げた男性は何度も頭を下げて、すみません許してくださいと謝っていた。手にはパンとジュースが握りしめられている。よっぽどお腹が空いていたんだろう。お金がなくてどうしようもなく、盗んだんだろう。何度も頭を下げるその姿は、子どもの俺が見ても悪い人には思えなかった。なのに民生委員の男性は、

「泥棒は許したら次も絶対に盗む。許さん、警察に突き出す」

そう大声で怒鳴っていた。その姿はおせっかいの目立ちたがり、カッコつけたい意地の悪いジジイにしか見えなかった。そんな中、祖母が、

「よか、許してやらんね（やりなさい）。泣いて謝りよる。一度くらい出来心ってこともある。パンとジュースを盗むって、よっぽどお腹空かしてたとやろう。若いとやけん、今度は働いてそのお金で買わんばよ（買うんだよ）」

男性は泣きながらうなづいていた。

「ダメばい、許したらまた盗む」

高齢の男性はそう言って引かない。祖母が怒った。

「この出しゃばりが！　一回だけ許してやれ。お前は生まれてから一度も悪さしたことなかとか。うちが、パンとジュースのお金は払う。だけん許してやれ。お前は警察上がりかなんか知らんけど、警察によか顔したかだけやろ。このバカが！」

2人はしばらくの間、許す許さないと言い合っていた。結局、男性は警察に連れて行かれた。男性の悲しそうな顔を今でも思い出す。盗んだ男性を決して許さない元警察の男の冷たい表情を忘れない。こんな大人になりたくないと思った。

祖母は気性が激しい人であり、情も深い人だった。

ペナルティとは

選手にとって恐れるペナルティ、それは京都の修行寺である黄檗山へ行くこと。普通は3泊4日なのだが、ペナルティの大小によっては1週間、負傷によるペナルティのキャンセルは次回に加算され、最長10泊までのペナルティとなる。レースにおける「反則」「失格」などで相手を落車させたり、著しいレース妨害に対してのペナルティなのである。

お寺での1日は、早朝5時起床、坐禅から始まる。その後清掃、ランニングが終わりやっと朝食。食事は一汁一菜、漬物とお湯のような味噌汁。麦と米を混ぜたような飯、どちらも口元でムッとする独特の匂い。ペナルティとは分かっていても、食べる気がしなかった。だけど慣れてくると、おかわりしたくなる。最初の日は刑務所でもここの食事よりはマシなはず、そう言ってたのに。朝の清掃は隣の部屋が終わり、お客様と坊主の部屋へ行く。部屋には大きな皿に盛られたご馳走があった。俺らには一汁一菜の麦飯。自分たちはお皿に盛ってあるご馳走か！ 生臭坊主が！ 高額の受講料金とマズイ飯。夜明け前に叩き起こされて坐禅、思い切り叩かれた背中はミミズ腫れ。お皿に盛られたご馳走は、精進料理なので肉や魚はない。それでも美味しそうで俺らの飯とは比べ物にならない。1日で一番辛い、夜明け前の坐禅、まだ半分眠っているのを叩き起こされ、硬くてムチのようにしなる棒でバシッと思い切り叩かれる。

叩かれる理由は3つある。まずは、坐禅の態度が悪い、しゃべる、笑う、ふざけるなど。次に坐禅の姿勢が悪い、この2つの理由は分かる。3つ目は、見事な姿勢で感心する、すると叩かれる。つまり坊主の気持ち一つ。背中がミミズ腫れするほど叩かれる時は、シャワーを浴びるのも辛かった。直前のレースで骨折や打撲などをしている選手は、叩かれずに済む列に座ることが許されていた。その列にだけは坊主も形ばかりで、音もしない優しい叩き方。

ここで、この話の主人公、大分県の暴れん坊S先輩が登場する。以後のエピソードについて、俺は現場にいなかったのであくまでも仲間から聞いた話である。S先輩は激しい気性と強気なレースで有名な選手、先輩は直前のレースで落車をし肋骨にはヒビが入っていた。もちろん坊主が手加減する坐禅の列にいた。先輩は、肋骨の痛みからか多少身体をズラして動いた。そこに坊主がすかさず先輩の目の前に立った。バシッ、バシッと棒がしなる音、肋骨の痛さにうずくまったS先輩。慌てる日競選の役員。急いで列の前に駆けつける。

「この列は負傷している選手ばかり。なので叩くのは遠慮していただいてます」

この日は、前日の坊主と交代したばかりで事情を知らなかった。知らずにすみませんとひと言で済んだ話。

「お寺は修行の場。皆さんはペナルティでここに来ている。少しの我慢は当然のこと」

そう言ってしまった坊主。先輩の闘志に火をつけてしまった。

「やったりやられたりはお互い様、誰かが憎いわけじゃねえ。恨みっこなしじゃ。お前に金まで払って偉そうな口きかれて叩かれる覚えなんかねえわ。マズイ飯に凍え死にしそうな寝床。お前らだけ、綺麗な部屋でご馳走食いやがって。どうせ夜になれば、ネオン街のオネエちゃんの店に繰り出すんやろが。このクソ坊主！」

S先輩は、今にも坊主に殴りかからんばかりに興奮している。その場にいた仲間、引率の役員が止めに入って収まった。分かる、S先輩のその気持ちが。ペナルティってのは、車券を買ってくれたファンに対しての謝罪の意味ならば分かる。棒が折れるほどファンに思いっきり叩かれようが納得するし、何の文句もない。もし戦う相手に落車させられて命を失ってしまっても、恨みはしない。お互い命を賭けて走るってそういうこと。中途半端が一番いけない、それもお互い様。S先輩のひと言、

「クソ坊主、お前にお金払ってまで叩かれる覚えはねえ」

いいぞ、よく言ってくれた。俺は心の中で拍手していた。

入院日記、再び その1

どこの病院にも思い出す人が一人はいる。競輪選手が入院する時、一番お世話になり一番多くの時間を共にするナースの皆さんだ。そのナースで、今も思い出す人がいる。赤木さんという。赤木さんは、変な京都弁を話していた。入院の朝の電気治療の時、「は〜い皆さん、おはようさん。今日もええ天気どすなあ」

思わず、あんたは舞妓さんか！と言いたくなる(笑)。彼女にニックネームを付けた。「どすえの赤木」。赤木さんの京都弁には九州弁も混じっていて、包帯のつけ替えの時に、「あれえ、痛そうどすなあ。早よ治してがんばらんば」

おい、赤木ちゃん、長崎弁のまじっとる。あんた一体何県人なの？婦長が言うには、彼女の生まれは五島列島、高校卒業後にナースになり、3年ほど京都で働いていたらしい。実は彼女、立派な長崎県人なのだった。どおりで、無理のある京都弁だと思っていた（笑）。彼女の京都弁は俺らの先輩、青木さんの前では一段レベルアップしていた。青木さんは、後輩にもナースにも優しくてハンサムで独身、競輪も強く人気の入院患者なのだった。「青木さん、おはようさんどすえ。今日もえらいええ天気どすなあ。ホンマにリハビリ日和やわ、無理せんと気ぃつけてお気張りやす」

おい、どすえちゃん、俺らに対する声かけと全然違う、ビミョ〜に上品に優しくなっとる、いつの間にやら「どすなあ」が「どすえ」に変わっとる。今どきの舞妓さんでも、どすえ〜って言わんよ（笑）。

「どすえちゃん、独身同士なんやし、この際青木さんにお嫁さんにもらってもらえば？ 苗字も赤木から青木になるだけ。赤から青って、信号みたいやん（笑）」と俺。

「田中さん、面白いこと言わはりますなあ。赤から青に信号みたいやなんて、お上手どすなあ」

そう言いながら、青木さんを見つめる目は恋する乙女そのもの。けれども、俺を見た青木さんの目は厳しい。その後「しゃれにならん」と厳しいお叱りを受けたのであった（タイプじゃなかった）。

長崎人であるのに変な京都弁を使いこなす赤木さん・どすえちゃんは、とても面白いナースなのであった。

入院日記、再び その2

若い頃に同期のKさんと同じ病室に入院していた。病室は3人部屋、もう一人吉田さんという一般の人もいた。建築関係の仕事をしているらしい。3人はお互いのプライベートや遊び、車の話などで仲良くなった。俺ら2人が20代後半、吉田さんは40代の半ばくらい。吉田さんのお見舞いには、毎日のようにたくさんの人が来る。吉田さんは人柄も良く優しくて面白いので、それもよく分かる。家族の方も毎日のように来ていた。奥さんや娘さんに息子さん、みんなで家族の近況と世間話を楽しそうに話している。帰り際には必ず、お父さん、また来るねと笑顔で帰っていった。

「吉田さん、今どき、とても仲の良い家族ですね。みんなもう成人してるのに。毎日のように見舞いに来るって、あんまり見ないですよ」

「ありがとうございます。家族には恵まれていると思ってます。子どもたちも良くしてくれるし。お父さんって、懐いてくれて」

「え、お父さんって懐いてくれるってどういう意味です?」

「子どもたちは、自分の子どもではないんですよ。自分の下に弟がおったとですよ。弟は子どもたちが幼い頃に事故で亡くなったんです。両親と話し合って、独身だった自分が3人の子どもと弟の嫁と一緒に暮らすことに決めたんです。幼い子どもたちには可哀想でした。おじさんをお父さんって呼ばせることになってしまった。でも、懐いてくれました。自分も20代で働き盛りだったし、嫁も子どもたちも協力してくれたので頑張れました」

「お2人の間にお子さんは?」

「子どもはつくりませんでした。3人の子どもは幼かったし、弟の子どもといっても血はつながってる。自分の子どもだと思って育てました。嫁と話して、子どもはつくらないと決めました」

話を聞き終わり、胸がいっぱいになった。そんな過去があったんだな、本当の親子にしか見えない、俺にはできない。その日一日温かい気持ちで過ごすことができた。

長崎競輪選手会、面白い男たち（後輩編）

およそプロスポーツの選手とは思えない、貧相なあばら骨、洗濯板のような胸板の持ち主K・通称「モッ」のエピソード。山口県防府競輪場、夜の食堂にて。この食堂は別注でフグの刺身があった。それを注文して、くだらない会話で酒が進んでいた時のこと。

「刺身もよかけどさ。やっぱりフグの肝ば食べたか。うちの親父、漁師からフグをもらって」自分たちでフグを捌いた。フグの調理免許もないくせに、毒のある肝までさばいた。素人の考えで、肝の血をよく洗い流せばよか、と。何人かが集まり、捌いたフグで宅飲みをしたらしい。親父以外は怖いから肝は食べない。親父だけが肝を食べた。

しばらくすると、親父の口がもつれ始めた。言葉が出てこない。う～、う～と言うのがやっとの状態。一緒に飲んでいる仲間が気づき、ん、おかしいと騒ぎ出す。親父は倒れたまま痙攣している。ここは田舎だし救急車もいない。救急病院などはもちろんなかった。休日でもあり、どうしようもなく困っていた。昔の人はフグの毒にあたった時には、身体ば土の中に埋めて毒を抜いたらしか。一か八かやってみよう、と急いで親父を近くの山に運び、服を脱がせて下着一枚にした。横向きに寝られるほどの土を掘り、顔だけ出して横にして身体に土をかぶせていく。親父は口から泡を吹いていて、かなり危険な状態。時々ストローで水を飲ませていたが半分くらいは諦めていた。ところが、親父の呼吸が少しずつではあるが落ち着いてきたのだ。その後、イビキをかいて眠り出し顔色も良くなっている。急いで親父を土から出して自宅に帰り、風呂に入れた。風呂の中から親父は、

「もう大丈夫!」

とひと言。生き返った! みんなはビックリしている。土に埋めて毒を抜き切って、原始的な方法でまさか生き返るなんて。とにかく食いしん坊の防府競輪食堂での楽しい夜は、「モツ」の親父がフグ肝の毒で死にかけたものの、土に埋めたら生き返ったというバカみたいな話で大いに盛り上がった。

長崎競輪選手会、面白い男たち(先輩編)

先輩で面白い男ナンバーワンは、この人AKさん。遊びという遊びを極めていた。夜の街へ飲みにも連れて行ってもらった。どの店も面白い。その中で必ず最後に立ち寄る店がある。老夫婦が2人でやっていて可愛い女の子がいるでもなく、特別面白いわけでもない、

どうして最後の締めのお店がここなのと思っていた。しばらく通っていると、なるほど！分かってきた。この店に集うお客さんの個性がすごく、その上何とも言えない味があった。佐世保市内で居酒屋経営をしている「オカマのTちゃん」。俺ら2人を見つけるなり、

「あらぁ〜、いらっしゃい。かずり〜ん、ヒロピョン、会いたかったのお〜」

　2人のほっぺにブチューッと熱いキッス。うわ、気色悪う。綺麗な「オカマ」ならまだしも、「ニューハーフ」って言葉がまったく似合わん！人喰い熊みたいなTちゃんなのだ。俺ら2人、すぐにオシボリでほっぺを消毒(笑)。もう一人、この店の常連さんがいた。キッチリとノリの効いた真っ白なカッターシャツに蝶ネクタイ、パンツはストレートタイプでサスペンダーで決めているダンディな老紳士。AKさんに、先生と呼ばれていた。

　ある日、先生と呼ばれる理由が分かった。誰かがカラオケを歌っている時に、先生は静かに目をつむりリズムを取って最後まで聴いている。歌が終わるのを待っていたAKさん、

「では先生、今の歌はいかがだったでしょうか？アドバイスなどありましたら、よろしくお願いします」

「あ、そうですか。はい、はい、うん、うん。では、ちょっと気づいたことを2つほど。あのね君、一小節のあそこはお見事！歌いこなしているのよね、問題は二小節目のあそ

こ！　なんと言えばいいんだろう、サビの部分。そこだけ、惜しい！　惜しすぎる。ビブラート、そうビブラートが足りないとでも言うかな。それさえあったならば完璧！　惜しすぎる！」

俺ら若い選手は先生のアドバイスの意味さえ分からなかったが、俺ら以外のお客さんは笑いたいのを我慢している様子。先生って、一体何者？　たかがスナックのカラオケ程度にビブラートを効かせてなんて、音楽教室の先生？　それにしても、大袈裟な人だなと思っていた。

「先生、ここらへんでぜひともビブラートのお手本というものをお聞かせください」

お店の常連さんやTちゃん、マスター夫婦にAKさんまで、ズッコケる準備はOK。

「そうですか、承知いたしました。そこまでお願いされたなら、これぞビブラート、そういうものをお見せしましょう」

曲は同じくリンゴ追分、Tちゃん椅子から半分ほど身体をずらしていつでも準備万端。イントロが終わり、さあ歌が始まる。先生ったらいきなり、それはそれは間の長〜〜〜い、歌い出し。それでも飽き足らずに、いきなりの高い音程、それは高く、どこまでも高〜く歌い上げている。果たして、ここまで高く歌い上げたリンゴ追分は今までにあったであろうか。それほどに高音の中の高音という表現がピッタリなのであった。あえて例えるなら、そう「クリスタルキング」の大ヒット曲、「大都会」のイントロでもこれほどまでの高音であったか！　すでに準備ＯＫのＴちゃんがまず椅子からズリ落ちて、続くＡＫさんは膝から崩れ落ちる。ワケが分からない俺らもつられてズッコケた。常連さんを見ると、涙を流して笑っている。先生だけは真剣そのもの、口元を見ると前歯が一本もなかった。どうにか先生のリンゴ追分も歌い終わり、ＡＫさんの締めのご挨拶。

「先生、ありがとうございました。貴重なアドバイスの数々、これぞビブラート、それを駆使してのリンゴ追分。普通、美空ひばりさんのリンゴ追分と申しますと、イントロから低くどこまでも低く抑えに抑えて歌ってしまいがちです。しかし、先生は決してそうはなさらなかった。誰もが耳にしたことがないぐらいの高音で、これ以上のビブラートなどこの世に存在しない。それぐらいのビブラートを効かせて歌い上げていました。より一層この歌が大好きになりました。きっと、美空ひばりさんも天国でお喜びのことでしょう」

「皆さん、ありがとう。そこまで分かってくれましたか。私としてもこれ以上の喜びはございません」

先生の言葉が終わらないのにＴちゃん、この日3度目、顔から直接ずり落ちる特大のズッコケ。先生の締めのスピーチ、それを引き出したＡＫさんの締めの言葉、この日お腹がよじれるほど笑った。そして、なぜＡＫさんの最後の締めの店がここなのか、分かったような気がした。

記憶に残る選手

現役の頃に好きな選手はいましたか？

「佐々木昭彦」さん、「井上茂徳」さん、「松村信定」さん、「国松利全」さん、「伊藤公人」さん。ここに挙げた先輩の方々は、好きな選手というよりも憧れの存在であり、ファンとしての心理もあった。

単純に好きな選手を言ってみろ、そう言われたら滋賀県の「渡辺一貴」選手を選ぶ。どんなところが好きかと言われたら、無言の見えない格と存在感だろう。Ｓ級のトップクラスの選手ではないが、渡辺を舐めていたら、三番手を大人しくまわってろとそんな態度を少しでも見せようもんならば「舐めるなよ、お前なんかいつでも競ってやるぞ」、そんな無言の迫力を持っていた。関西のトップクラスの追い込みの選手が、記念競輪で渡辺には気を使っていたことからもよく分かる。

特別競輪での勝ち上がりのレース、自分の味方に先行選手が不在の関東のトップクラスの追い込み選手がいた。レースに一人しかいない関西の先行選手の後位が渡辺一貴であった場合、常識で言うならば関東のトップ選手は渡辺と競ってでも関西の先行選手の後位を奪いに行くはずである。なぜならば、車券の人気を背負っている責任があるから。だが、競りにはいかない。勝負もしない。とりあえずは中段の位置をまわっているだけ。こんな場面をよく目にしていた。

競輪初心者のファンはこう思うだろう。なぜ？ 10点以上も自分よりも点数が低い選手になぜ競りに行かない？ 勝負すれば簡単に勝てるんじゃないのかと、しかしもし競りに行ったとして渡辺一貴の位置にちょっかいを出す。それは簡単にはいかない。自分も共倒れを覚悟して戦わなければならない。

これが走っている選手の、素直な心理なのだ。関東のトップ選手も、おそらく同じ気持ちだったと思っている。一度でも渡辺と走った選手は、そのことを肌で感じているはず。この存在感こそが、渡辺一貴が渡辺一貴である理由なのである。

ふと思うこと

5年以上前のことだった。俺が本物だと思っているマーク選手は、現在はほとんど見なくなった。その中でも数少ない本物の一人が、静岡県のW選手。地元静岡の記念競輪での出来事だ。Wのコメントは、同県の自在選手Nと競りますというものだった。Nのコメントは、同地区の逃げる選手の後ろへ行く、だった。まず、Nのコメントを聞いたWが自分も同じく逃げ選手の後ろへ行くとコメントを返した。地元静岡で地元の仲間同士で競るのか？ そんなファンの声も聞こえていた。Wは逃げていた頃のNに勝たせてもらった借りがあった。その借りを返すべき、地元の記念競輪で地元同士で競るなんてWは何を考えてる、みっともない。そんなファンの声があったのも事実だ。

これって、どうなんだろう？ 借りを返す。何の借りを返すのか。同じようなレースを西日本のレースでも見かけたことがある。若い頃逃げて強かった選手の力が落ち始め、戦法を追い込みに変えて再び主役を目指す。年齢的には30代半ば、若い逃げ選手には対抗できずに追い込みに変わっていくパターンだ。話を戻す。超一流のマーク選手として特別競輪の舞台で自分の位置を築いてタイトルも手にしたW選手。Wという男は、逃げなくなったNなんかに用はない、お前の役目は終わった。そんな理由で紙屑を捨てるように見捨てる冷たい男なのか。そうは思えない。Wが持ち続けてきたポリシーは、最後まで逃げ選手をかばうこと。存分に力を出せるように援護して苦しいレース展開になっても最後まで見捨てはしない。競輪道を貫いて生きている。Wが思ったであろう競輪道とは何なのか。それは、番手を簡単にまわれると思うなということ。Nが逃げから追い込みに戦法を変えるのなら、今までの関係とはまったく違ってくる。今日から追い込みに変わるので、強い逃げ選手の番手をまわる。そんなコメントに対して、どうぞ番手をまわってくださいと言えるわけがない。追い込みとしては一年生の新人なのだ。番手をまわる位置を築くためには、落車・失格・骨折などの洗礼をくぐり抜けなければならない。仲間に認められる本物の追い込みとしての実績を上げてからの話。逃げていた頃に逃げてくれて勝たせてもらったというのとは意味が違う。持ちつ持たれつ、自分の持ち味を発揮しただけ、お互い様である。

地元の記念競輪は自分の庭みたいなもの。特別競輪よりも入念に準備をして、勝利を目指していく。絶対に地元では負けられない。トップクラスのスター選手でも、魂を込めて臨む。それを、いきなり追い込みに変わったその日から簡単に番手をまわろうなんて、顔を洗って出直してこい！そんな思いだったのではなかったか。

最後に憧れの存在、「佐々木昭彦」さんの言葉で締めくくる。

『追い込みで生きていくと決めたんなら、最初は黙って三番手ばまわる。番手をまわってるスター選手ば三番手から何回か抜く。そして、タイトルを獲って前をまわってるスター選手に「まいった」と言わせる。そうして番手をまわるってのが順番。逃げるよりも追い込みの方が楽だからって、そんな考えは甘か。小さなレースなら一度か二度くらいは番手をまわれるかもしれん。しかし周りが認めてなかったら、結局は他地区の選手から競られてしまう。同じ地区の味方ならば番手をまわるのを許してくれるって考えは甘かばい！味方でも義理は二度もない！』

まさに、そのとおりだと思った。

競輪の思い出（練習編）

同期のKさんに起こった、ある日の出来事。朝から俺ら2人は軽い乗り込みとダッシュ練習。通称「モガキ」（トップスピードのダッシュ練習。息を止めてもがき苦しむ様子から）を数本こなし、午後から世知原のサイクリングコースへ軽めの練習に出かけた。短い距離をそれぞれモガく2人。モガキの途中でKさんがいきなり「イタッ！」と右腕を押さえてスピードダウン。その後完全に停車。自転車を降りて右腕を押さえている。

「Kさん、どげんしたん？」

「分からん、何かが腕に当たった。腕がズキズキする、痛か」

腕を見ると赤く腫れていて、棘みたいなものが刺さっていた。抜いてみると、ハチの針のような棘だった。

「Kさん、ハチに刺されとる。多分モガいてる時に腕に止まったんやろ。モガキのスピードにビックリして刺したんやろ」

「うんにゃ、違うとばい。モガキよったら何かが腕に当たった。そん時に刺された」

「え、Kさん、そいはなか。ハチはお尻に針がある。危険を感じたら針ば出して刺す。それなら、モガキよるKさんめがけてお尻向けて針出して飛んでたんね（笑）」

「そんなハチはおらん（笑）」

この日の午後、軽めのロード練習はKさんハチに刺されるアクシデントにより、早めに終了したのだった。2日後、Kさんの自宅に集合してからのロード練習。コースは鹿町一周、往復2時間半の中距離コース。しかし肝心のKさんが不在。着信があった。

「ゴメン、田中さん。練習には行けん。みんなで行って」

「どうしたんね、急用ね？」

「病院に行きよる」

「体調悪いんね？」

「話せば長くなるけども、外干ししてた練習着のレーサーパンツを取り込んで履いたら、股間がザワザワした。チクッとして、股間に激痛。パンツからムカデが出てきた。病院行ってくる」

「災難やね！（笑）２日前にハチに刺され、今日はムカデに刺されてって。おそらく人生で一度あるかどうかやね。Kさんらしい。分かった、お大事に」

１週間後、再びKさん宅に集合しロード練習。

「Kさん、ムカデに刺された股間は大丈夫？」

「あの日は一日中痛かったばい、腫れた（泣）」

みんな、コーヒーをいただきながらムカデの話を笑っていた。さて練習行くかとシューズを履いていたその時、「イタッ！」と急いでシューズを脱いだKさん。嫌な予感。シューズからモソモソと虫が出てきた。長崎で言う「ゲジゲジ虫」。たくさんの足がある気持ちの悪い虫。刺されると痛い。

「大丈夫か、Ｋさん」

「大丈夫、すぐシューズ脱いだから刺されんかった」

俺らは心配というより、必死に笑いを堪えていた。３回連続の虫の災難にもめげず、Ｋさんもみんなと練習に出かけたのであった。

この話は、これだけでは終わらない。この10日間ほど、嘘みたいな災難が降ってわいたＫさん。琵琶湖競輪四日制のレースに行ってくる、心配かけましたと連絡があった。今回はアクシデントも重なって、乗り込みの練習もできんかったし無理せんで気楽に走ってと声をかけた。今回の成績はどがんでもよか、２人はそう思っていた。そして数日後、Ｋさんから着信があった。

「田中さん、琵琶湖競輪の四日制のレース、優勝したばい。しかも四連勝！」

「ええ、マジか！どうなっとる、ワケ分からん」

「うん、自分でもワケ分からん（笑）」

どこまでも波瀾万丈な男、つかみどころがない。雀鬼と呼ばれた櫻井章一さんの言葉が頭によぎる。

『人生で最大のチャンスが訪れようとしている時は、残念ながら期待に胸を膨らませて待っている時では決してない。追い込まれて引くに引けない、後がないギリギリの場面、そんな時に人生を変えてしまうほどのチャンスが来ている』

Kさんを見ていると、そうなのかもしれないと思えたのだった。

ヤングの頃の思い出

あるレースで一着になった。逃げた選手を俺が差して、一着だと思っていた。しかし一着は写真判定、逃げた選手を俺が差したのか、逃げた選手が逃げ切ったのかの判定。結果一着は同着、俺と逃げた選手の2人共が一着だった。さて、レースで一着になった選手は同じレースを走った自分以外の8人の選手にジュースを配る。これが競輪会の伝統なのだ。お疲れ様、ありがとうございましたの意味が込められている。一人ひとりにちゃんと手渡しする、これもいい。レースが終われば互いに恨みっこなし、これが基本。さて一着が2人いる。どちらがジュースを買えばいいのか。もう一人の一着は広島のM、お互いに5本と4本買って配ろうとなり、ジャンケンで負けた俺が5本、Mが4本のジュースを買って同じレースの選手それぞれに、ありがとうございましたと手渡していった。2人がジュースを配り終えた頃、高知県の大先輩・松本州平さんに呼ばれた。

「おい、お前ら2人、ちょっと来い」

こっそりと人目のつかない場所に行くと、

「お前ら一着、同着やったな。そんな時はジュース9本ずつ買ってそれぞれみんなに配っとけ。同じレースの選手も2本もらって悪い気はせんやろが。この新人、気が利くなって思うやろうが。ジュースなんて安いもんやろ。そこらへん、ちゃんとしとけ」

説教でもなく、叱られているわけでもない。俺ら2人に恥をかかせないように教えてくれた。俺ら2人デビューしたばかり、もちろん一着同着など初体験だった。どうしていいのかも分からなかった。少し時間が経って考えてみると、ジュースの割り勘が恥ずかしくなってきた。俺ら2人に州平さんがかけてくれた言葉を思い出す。

「これから強うなって稼がんといかんやろ。これくらいのお金使わんでどうする、強うなれんぞ」

胸に沁みていた。こんな言葉の一つひとつが、俺ら「ヤング」を本当の男に変えていく。

思い出す人

久留米の選手であったNさんに、仲良くしてもらった。悲しいことに、若くして亡くなってしまった彼のエピソードだ。

Nさんのマシンガントークはすごかった。レースの前後に話すトークネタには、いつも笑わせてもらえる。こちらにひと言もしゃべるチャンスさえ与えてくれない、俺らは聞き役。ある日のレース、長崎の後輩Kが最初のレースで結果「ハコ四着」だった。ハコとは、競輪用語でレースで勝つ確率が一番高い先行選手の後ろの位置のこと。差せば一着、追走するだけでも二着。絶対有利なポジションにも関わらず、「ハコ四着」のK。逃げる選手を差せず、後ろの2人の選手に抜かれた。レースを見ていたNさんが笑っている。

「おいK、お前、なんしよっとか。今日からお前は日本一弱かマーク屋ち（と）呼ぶぞ」

次に俺が走った。敵と競りになり勝ったが、バテてしまった。足が売りきれた（疲れた）。結果、「ハコ五着」。前のレースのKとは少しだけ展開が違っていたけれども、負けは負け。俺もNさんに捕まった。

「浩仁、なんか（どうしたんだ）、お前ら長崎チームは。付き合いがよかの～。仲良くハコ四着とハコ五着って（笑）」

「今日からお前、世界一弱かマーク屋決定！」

声を上げて笑うNさんだった。そして最後の大物Nさんが走った。このレースは三重県の逃げ選手Kの後ろが空いている。勝ちを約束されたような「ハコ」のポジション。レースはK選手が先行位置まで上昇していく。次の瞬間、一番前の位置にいる敵の逃げ選手はKが出られないほどのスピードで突っ張る（踏み込む）。結果、NさんはKにブッチ切れ（離れてしまった）、敵の逃げ選手にKのハコも奪われてしまった。Nさん無念の「ハコ九着」。レースを見ていた俺ら。急いでNさんの自転車を取りに行く。Nさんは気まずそうな顔。

そしてひと言、

「分かっとる、なんも言うな！今日から俺のこと、宇宙一弱かマーク屋ち呼べ！」

とっても楽しい時間だった。Nさん、サヨナラ、毎日が楽しかった。

安らかにお眠りください。

思い出（家族編）

次男である俺の弟が高校卒業を控え、進路相談で母親・担任・弟の三者面談があった。弟は幼い頃から運動神経がよく、進学を望んでいた。推薦で体育大への入学を勧められていた。しかし、弟は悩んでいたらしかった。突然弟の口から、

「一年くらいトレーニングをして競輪学校の試験にチャレンジしたい」というひと言が。それまで一度も言ったことのない、弟の思い。担任も母親も驚いた。

「お前、お兄さんが競輪選手だからって。本気か？　プロの試験を受験したいって簡単に言うけど、一年後に確実に合格する保証はなか。一年って貴重な時間を使うって。しかも、働きながらは無理、すべて親の負担やろ？　それより推薦入学でストレートに体育大学に行く方がいい。お前がなりたかった体育教師を目指せ。後から後悔するぞ」

「後悔はせんです。一年間進路について真剣に悩んだとです。『本当に体育教師になりたいのか？』そんな時に、兄を通して競輪の世界を知った。若い時に一度くらい死に物狂いでやったなあって、そう思えることをやりたくなった。上手くいこうがいくまいが、兄の存在はまったく関係がない。自分で決めたことです」

「お前、本当にそいでよかとね？　後悔せんね？」と母。

「後悔せん」

「そうか、分かった。悩んで決心したならしょうがなか。話は変わるけど、ひと口に競輪選手って言うてもトップから最下位までランクがあるんやろ？　運良くプロになったとして、ずっと最下位のランクのまま強くなれなかった。生活も苦しい、選手寿命も短かった。そんなギリギリのプロ生活でも後悔はせんか？」と担任。

「はい、後悔しません。自分で選んだ道ですけん」

「結婚して、家庭持っても飯を食っていくのがやっとのプロの選手って家族も苦労するぞ」

「先生、心配ご無用！　家族も自分も飯が食えなくても大丈夫！　もしも飯が食えない時はパンば食べますけん」

　母親は、椅子からずり落ちそうになったと言っていた。ひらすら担任に謝った。帰るなり母親は、

「あんなに真剣に心配してくれよるとに、バカ息子が。生きた心地がせんやった」

　と嘆いていた。さすが血を分けた弟、最後のオチを場所もわきまえずに言う、空気の読めなさは血を争えなかった。

西九州ラインの仲間（面白い話）

競輪界の大スター・佐賀のI先輩、遠征先の打ち上げの席でのエピソード。佐賀のメンバーに今回の主役、Nが参加していた。みんなはお酒も進み気持ちよく酔っていた。店内の近くの席で飲んでいた2人の中年男性客が周りにも聞こえるほどの声で、

「それにしてもI選手も弱くなったなあ」

それからもずっと、厳しい言葉を吐き続ける2人。選手の打ち上げの酒の席というのは、競輪の話はほとんど出ない。2人の男はおそらく競輪ファン。しかし、こんなに近くに大スター・I先輩がいるとは分かっていない様子。けれども、すぐ隣で2人の会話を耳にしている佐賀の選手は気分が悪い、酒もまずい、だんだんと腹が立ってきた。

「おい、Nよ、こいつらつまみ出せ！」

「分かりました」

2人の男性の前を足早に通り過ぎ、どこかへ消えていくN。何分か過ぎて戻ってきた。両手には大きな皿を抱えて、そのお皿にはたくさんの乾き物、おつまみが盛られている。Nは両手に抱えたお皿を2人の目の前に置いて、ひと言。

「どうぞ、食べてください。あちらのIさんからです」

驚いた表情の2人。この時、2人は初めて近くにIさんがいたことに気づく。気まずそうだった。その場の佐賀の選手は、何が起こった！顔を見合わせていた。このおつまみが良かったのだろう、2人のIさんへの厳しい言葉はピタリと止まった。帰り際、

「おい、Nよ、お前一体なんであの2人につまみ出したとや？」

「え、Iさんがツマミ出せって言わしたけんが出しました」

この言葉を聞いたI先輩、身体中の力が抜けて怒る気にもなれんかったと言っていた。

これが有名な、おい、Nよ！あの2人ツマミ出せ！事件なのである。

長崎競輪選手会（遠征編）

俺がまだヤングだった頃の話である。現在はすっかり見かけなくなった「夜行列車」。その夜行列車で関東のレースへと向かう遠征の旅、仕事ではあるが俺らはあえて夜行列車の旅と呼んでいた。いつもお世話になっており可愛がってもらっていた父親のような存在、怖いけれども優しい大先輩「瀬戸光義」さんと2人っきりの遠征だった。途中、佐賀の駅

で佐賀の選手と合流、ガッタンゴットンと鳴ってる車輪の音を耳にしながら、揺られながらの旅の始まり。時折車窓に目をやると、のどかな田園の風景が広がっていく。ゆったりとした夜行列車の旅は、一日半ほどの時間をかけて終点の東京駅を目指して走る。ベッドになる座席にはシーツと毛布、枕がついていた。対面式の上下4つの座席が寝床になる。列車は30分に1本くらいの各駅停車だ。停車を待って食料とお酒とおつまみを、列車が発車する前に買いに走って急いで戻る。これから始まる旅の準備はOK。買い出しはもちろん一番ヤングな俺、駅での停車時間は10分ほど。下車して買い出しに行って戻っても、乗り遅れることはない。瀬戸さんはお酒を飲まない。瀬戸さんに駅弁とお茶を買っていく。夜行列車ならではの楽しみ、それは出会いなのだ。

この列車で出会った人、熊本弁丸出しの白髪頭のジイちゃん。とにかく、よくしゃべる。ちゃんと焼酎も持参している。俺の好物、芋焼酎「さつま白波」ではありませんか(喜)。やった！「飲み友」確保、佐賀の選手は3両ほど後ろの車両だったので、俺と瀬戸さん、ジイちゃんの3人での相席になった。座席の位置は俺と瀬戸さんが対面して下の座席。ジイちゃんだけが上の段の座席だった。そこで、瀬戸さんの一声。

「若い奴が上に行け、下の座席と交代してやれ」

そういうわけで、俺は上の座席。3人は下の座席にひとまず腰を下ろしてガヤガヤとバカな話ばかりで賑わっていた。俺とジイちゃんはお酒も入って声も大きくなっている。瀬戸さんは酔っ払いのくだらない話を笑って聞いている。ジイちゃんの話は、おそろしくスケールが大きい。聞いてる先から分かってしまうホラ話(嘘)ばかり。若い頃にオリンピックの三段跳びに出場！ 金メダルを獲ったとか、おいおい、そんな人なら一度ぐらい名前を聞いたことがあるはず。ジイちゃんに名前を聞いてみた。ジイちゃんは話題をすり替える。またしても、ジイちゃんにお名前は？ と聞いてみた。すると隣の瀬戸さんが「コツン」と肘打ち、いらんこと聞くな、面白おかしく話させとけ。瀬戸さんの目はそう言っていた。もう名前なんかはどうでも良かった。楽しい時間は気づかないうちに過ぎていった。夜も12時をまわり、就寝することに。数時間の時が過ぎ目を覚ますと、窓の外の景色に薄く陽が差していた。停車した駅のホームで下車。手足を思いっきり伸ばし、顔を洗い、歯を磨いた。ホームの空気が冷たくて気持ちがいい。列車に戻り、下のベッドを覗くと瀬戸さんとジイちゃんは寝ていた。1時間ほどが過ぎ、2人は起床。

「おはようございます」

「おはよう」

窓の外は、田舎の景色から都会の景色へと変わっていく。

「さてと、朝食の駅弁、どこで買いますか?」

「浩仁お前、昨日ジイちゃんの焼酎ご馳走になったやろ。弁当3つ買ってこい」

「はい、分かっとります」

朝食が終わり、コーヒーを飲み、ゆったりと窓の外を眺める。決して急がない旅は、終点の東京駅が近づいていた。道草のような寄り道みたいな小さな旅のことは、いつまでも覚えている。便利すぎるものはつまらない。急いでばかりじゃ面白くない。一つの昭和の風景なのだった。

昭和の風景、人の情、下町の人々、何より昭和の名残の競輪とその仲間。競輪で生きて、育てられ、いろんなことを教わった。父親のような存在の先輩、瀬戸光義さんが亡くなった。心には穴が空いている。20歳そこそこ、口の利き方も知らなかったクソガキの俺。瀬戸さんは、男として、勝負に生きる者としていろんなことを教えてくれた。瀬戸さんが入院していること、コロナで家族しか面会できないことは知っていた。

ご家族からは、現在小康状態を保ち自宅に帰れるかもしれないと聞いて安心していた。

まさか、亡くなるなんて。瀬戸さんが退院したら遊びに行くのでバカな話、用意しときますと家族の方と約束したばかりだった。

瀬戸さんの言葉で忘れられないものがある。雨の日のレースだった。自分の身体よりも先に頑張ってくれた自転車ば綺麗に拭いてやれ。落車して身体は傷一つなか、そがん時があるやろう。その時、お前の代わりに自転車が身代わりになってくれとる。だけん、自分の身体より自転車が先。綺麗にしてやれ。自転車が泣きよる。

自転車が泣きよる。

あの言葉、忘れない。

光義さん、ありがとうございます。安らかにお眠りください。

昭和という時代に生を受けた。

今を愛し、昭和を愛し、何よりも家族、競輪、仲間を愛して生きていくだけ。

昭和にバンザイ、平成も令和もバンザイ。

競輪と心を許せる仲間たち、バンザイ。

コロナに負けてたまるか！ 頑張れみんな。
これからも気持ち8割、ファイト！

あとがき

昭和って、なんだったんだろう。近頃、やけに昭和の頃を思い出す。あの頃、必要以上におせっかいな近所のおっちゃん、おばちゃんがうっとうしかった。それさえ、やけに懐かしい。

わけも分からないまま飛び込んだ、競輪の世界には昭和の匂いがあった。愛すべき男たちはみんな、昭和の匂いがした。目がくらむほど急ぎすぎてる世の中についていけない。少し、寄り道してみよう。

時には立ち止まらないと見えない大切な景色もあった。急いでばかりじゃつまらない。あの頃、そこら中にいっぱいあった思いを、残してみたくなった。


この本を出版するにあたって今回、大変お世話になったけやき出版さんの出した一冊の本との出逢いを言っておかなくてはならない。

まだ、映画の看板というものが職人の手描きであった頃、一人の映画看板師、久保板観（ばんかん）さんの人生をふんわりとそして優しく詰め込んだ本だった。

子どもの頃、映画館には手描きの映画の看板があった。どれも看板に描いてある絵の中から主人公が飛び出してくるように生き生きとしていて、ワクワクしながら映画館に入っていったものだった。

滅びゆく、昭和のまちと最後の映画の看板師、板観さんの小さな物語、それは、まるで、いい映画を観終わったような懐かしさ、温かい思いが胸に広がっていく。

この本と出逢ってなければ、この本を読まなければ、出版するという思いにまでは至らなかった。

久保板看さんと、青梅の町へ注いでくれた思いを私の本『競輪、ときどき昭和』にも同じように、注いでいただき感謝の思いでいっぱいです。

最後に感謝の言葉とさせていただきます。

2024年2月吉日　田中浩仁

田中 浩仁

昭和37年、長崎県・長崎市に7月16日に生まれる。昭和59年に競輪選手54期生としてデビュー、平成25年に引退。

平成28年8月、二宮整体整体師として自宅にて整体を始める。

映画と音楽が大好きで沖縄を愛する長崎の田舎者。愛読書はムーミンと宮沢賢治。

競輪、ときどき昭和

2024年3月13日　初版発行

著者　田中 浩仁

発行人　小崎 奈央子
発行所　株式会社けやき出版
〒190-0023 東京都立川市柴崎町3-9-2 コトリンク3F
TEL 042-525-9909　FAX 042-524-7736
https://keyaki-s.co.jp

カバーデザイン・イラスト・DTP　土井 由音
印刷　シナノ書籍印刷株式会社

ISBN978-4-87751-639-0 C0095